Pädagogische Praxisimpulse

Band **9**

AF285103

SOL braucht Raum:

Raumkonzepte zur lernförderlichen Gestaltung selbstorganisierten Lernens in der NotSan-Ausbildung

Rebecca Baumann

Reihe: Pädagogische Praxisimpulse

Herausgeber: Prof. Thomas Prescher

Bibliografische Information der Deutschen Nationalbibliothek: Die Deutsche Nationalbibliothek verzeichnet diese Publikation in der Deutschen Nationalbibliografie; detaillierte bibliografische Daten sind im Internet über dnb.dnb.de abrufbar.

Herstellung und Verlag: BoD – Books on Demand, Norderstedt

ISBN 9 78375 4347300

Inhalt

Abbildungsverzeichnis

Tabellenverzeichnis

Abkürzungsverzeichnis

BW	Baden-Württemberg
DQR	Deutscher Qualifikationsrahmen
DRK	Deutsches Rotes Kreuz
KMK	Kultusministerkonferenz
LF	Lernfeld
NotSan	Notfallsanitäter
NotSanG	Notfallsanitätergesetz
SOL	Selbstorganisiertes Lernen

1 Einleitung

Schulen sind Gebäude, die dem Lernen einen Ort geben sollen. Im Laufe eines Lebens verbringen Schüler*innen viele Stunden in diesen Gebäuden. Dabei steht der Erwerb neuer Fähigkeiten im Mittelpunkt, der durch die Veränderung des Verhaltens der Lernenden sichtbar wird (vgl. Kiesel & Koch, 2012, S. 11). Gelernt wurde also, wenn die Person nun etwas kann, was sie vorher nicht konnte. Dieser Lernprozess bedient sich vieler Kanäle wie z.B. zuhören, lesen, diskutieren oder gar etwas anderen erklären. Die Entscheidung, wie das Lernen abläuft trifft der Lernende selbst. Somit handelt es sich um eine höchst individuelle Entscheidung, die dem Prinzip, dass in der Schule alle dasselbe lernen sollen, widerspricht (vgl. Watschinger & Weyland, 2017, S. 63ff.).

Trotz, dass die Pädagogen wissen, dass Lernen ein hoch individueller Prozess ist und „Wissen nicht übertragbar ist, sondern in den Gehirnen eines jeden Lernenden neu geschaffen werden muss" (Ohder et al., 2014, S. 39) ist die führende Unterrichtsvariante in den Schulen das lehrergelenkte Unterrichtsgespräch (vgl. Hirsch, 2017, S. 3). Die Verfasserin hat selbst die Erfahrung gemacht, dass bei vermehrten Gruppenarbeiten oder Selbstlernphasen seitens der Schüler*innen eine starke Abneigung gegenüber diesen Unterrichtsformen auftritt. Dies bestärkt die Lehrenden, die den lehrerzentrierten Unterricht bevorzugen in ihrer Position. Diese Diskrepanz zwischen pädagogischem Verständnis, eigenem Anspruch und der Motivation und Akzeptanz der Lernenden erlebt die Verfasserin bei ihrer Arbeit als Lehrkraft fast täglich.

Viele Varianten der Unterrichtsgestaltung wurden von ihr in den letzten Jahren mit ihren Kolleg*innen im Rahmen der Schul- und Unterrichtsentwicklung ausgearbeitet, durchgeführt und reflektiert. Dabei machte sie die Erfahrung, dass manche Gestaltungsideen sich besser in der Praxis umsetzen und verwirklichen ließen als andere. Über alle Lernformen hinweg kollidierte die pädagogische Unterrichtsplanung immer wieder mit der vorhandenen Lernumgebung. Umso mehr die Individualität der einzelnen Schüler*innen in der Planung und Durchführung des Unterrichts berücksichtigt wurde, umso schneller wurden die räumlichen Grenzen der Lernumgebung sichtbar. Absprachen im Kollegium über die Aufteilung und Nutzung der Räume halfen hierbei nur begrenzt weiter. Denn nicht nur die Anzahl der Räume, sondern auch die Ausstattung erschwerten die Umsetzung schülerzentrierten und selbstorganisierten Unterrichts. Versuche, die räumlichen Frontalstrukturen aufzubrechen und den Raum umzugestalten endeten meistens damit, dass alle Tische wieder frontal ausgerichtet in Reihe oder in U-Form standen. Zunehmend entwickelte die Verfasserin Verständnis für die Abneigung der Schüler*innen bezüglich schülerzentrierter Lernformen, die das Label selbstorganisiert, selbstgesteuert oder selbstbestimmt tragen. Wie soll in einem für frontal und lehrerzentrierten Unterricht ausgelegten Raum die Motivation und Begeisterung für schülerzentrierten Unterricht entstehen?

In der pädagogischen Fachliteratur existieren zahlreiche Quellen zu den verschiedensten Bestandteilen von Unterricht: didaktische Struktur, methodisches Vorgehen, Aktivierung der Lernenden, Teamentwicklung und vieles mehr. Hingegen ist die Lernumgebung in der pädagogischen Literatur zunächst selten bis gar nicht zu finden, obwohl die Gestaltung und Struktur der Schulräume als wesentliches Qualitätskriterium bei Schulen betrachtet wird (vgl. Nitsche et al., 2013, S. 153). Erst in jüngster Zeit findet eine intensivierte Auseinandersetzung mit der Variable Raum als Lernraum und Pädagoge statt.

Bei der Betrachtung der geschichtlichen Entwicklung des Klassenraums fällt auf, dass immer wieder Umstrukturierungsbewegungen auftauchen, die den Klassenraum dezentralisieren und entmilitarisieren. Rudolf Steiner, Maria

3

Montessori und Célestin Freinet sind für ihre neu gedachten Schul- und Unterrichtskonzepte bekannt. Dennoch sind diese offenen und schülerzentrierten Raumkonzepte bis heute in der Unterzahl und es dominiert weitläufig in vielen Klassenräumen die frontale Ausrichtung (vgl. Trapp, 2011, S. 10ff.). Auch die Optik der Schulgebäude erhält von Lernenden und Lehrenden Negativbewertungen (vgl. Schönig & Schmidtlein-Mauderer, 2013, S. 70). Kastenförmige Bauten mit langen Fluren und identisch gebauten wie auch ausgestatteten Räumen erwecken weder bei Lernenden noch bei Lehrenden das Bedürfnis der individuellen Entfaltung. Schüler*innen bezeichnen Klassenzimmer sogar als Räume, in denen sie sich nicht gerne aufhalten (vgl. Watschinger & Weyland, 2017, S. 142).

> „Schulen, die als reine Belehrungsanstalten konzipiert sind, werden die darin Tätigen auffordern bzw. dazu verleiten, bei der frontalen Vermittlung bzw. beim passiven Konsumieren zu verbleiben. Schulen, die als vielfältige Lernlandschaften gestaltet sind, werden entsprechende Haltungen und neue, vielfältige Spielweisen im Sinne einer erweiterten Lernkultur hervorbringen" (Watschinger & Weyland, 2017, S. 167).

Da vielerorts das Gebäude mit seiner Grundstruktur bereits vorhanden ist, besteht die Frage, ob in einer bestehenden Schule aus einem geschlossenen ein offenes Schulkonzept entstehen kann. Im Rahmen dieser Arbeit werden die

4

Lernräume der Landesschule Baden-Württemberg (BW) des Deutschen Roten Kreuzes (DRK) in der Bildungseinrichtung Ravensburg betrachtet. Diese Schule wurden ausgewählt, da die Verfasserin dort als Lehrkraft arbeitet und somit direkten Zugriff auf die Räume hat. Ebenso stellt die Analyse dieser Räume ein persönliches Interesse der Verfasserin dar. Zusätzlich beinhaltet das pädagogische Leitbild der Berufsschule (siehe Anhang D) die Forderung nach schülerzentriertem Unterricht. Bei der Betrachtung der Räume spielt allerdings nicht nur die Öffnung des Raumkonzeptes eine Rolle. Auch die speziellen Anforderungen, die durch das selbstorganisierte Lernen (SOL) im Lernfeld (LF) in der Ausbildung zum Notfallsanitäter*in (NotSan) entstehen, müssen bei der Bewertung der Räume berücksichtig werden. Das Ziel dieser empirischen Arbeit ist es mittels qualitativer Bildanalyse die vorhandenen räumlichen Strukturen hinsichtlich ihrer Wirkung auf die Nutzer*innen zu analysieren. Hierbei steht das SOL im LF im Fokus, da die Kultusministerkonferenz (KMK) die Förderung der Selbstorganisationskompetenz in der beruflichen Bildung fordert (vgl. KMK 14.12.2018, S. 14).

Die Bildanalyse wurde gewählt, da die Wirkung eines Raumes größtenteils optisch wahrgenommen wird und sich somit eine statische Situation herstellen lässt, welche wissenschaftlich besser reproduzierbar ist. Die fehlende Perspektive der Lernenden wie auch die Perspektive des Lehrerkollegiums wird hierbei bewusst in Kauf genommen. Für die Bildanalyse wird das Verfahren der Ikonografie und Ikonologie von Erwin Panofsky in angepasster Variante angewendet, um eine bestmögliche Motivanalyse nach festgelegten Kriterien zu erstellen. Qualitativ-deduktiv werden Verbesserungsvorschläge erarbeitet, um die Anforderungen der Lernfeldpädagogik in den gegebenen Räumen umzusetzen. Aus der Zielsetzung kann folgende Forschungsfrage für diese Arbeit abgeleitet werden:

Nach welchen Kriterien und mit Hilfe welcher Gestaltungselemente könnten die Klassenräume an der Bildungseinrichtung Ravensburg der DRK Landesschule BW zu Lernräumen umgestaltet werden, um das selbständige Lernen zu fördern und zu unterstützen?

Um die Forschungsfrage beantworten zu können wird in der nachfolgenden Arbeit in einer vorgeschalteten Literaturarbeit der aktuelle Wissensstand dargelegt. Die Lernumgebung wird hinsichtlich ihrer Bestandteile und deren Wirkung auf das Lernen beleuchtet. Anschließend erfolgt die kurze Zusammenfassung der schulischen Ausbildung zum NotSan und das damit verbundene Lernfeldkonzept inkl. SOL. Die Beleuchtung unterschiedlicher offener Raumkonzepte dient der Ermittlung der optimalen Raumstruktur für die NotSan-Ausbildung. Die besonderen Anforderungen, die Notfallsanitäterschüler*innen und die Lehrenden an die Lernumgebung stellen sind Grundlage für ein fundiertes Verbesserungskonzept. Nach der Literaturarbeit erfolgt die qualitative Bildanalyse der Klassenräume der Bildungseinrichtung Ravensburg. Die Raum- und Bildauswahl, wie auch die Struktur der Bildanalyse werden dargelegt und begründet, um eine hohe Transparenz des Vorgehens gewährleisten zu können. Bei der genauen Darstellung des Vorgehens der einzelnen Schritte der Bildanalyse werden die Ergebnisse des jeweiligen Schrittes zusammenfassend dargestellt. Aufgrund des Umfangs ist die gesamte Bildanalyse in diesem Band nicht im Anhang abgebildet und kann auf Anfrage bei der Verfasserin eingesehen werden. Es befindet sich der Codeplan der Bildanalyse als Auszug des Klassenraum 1 im vorliegenden Band. Das Umgestaltungskonzept für die analysierten Räume vereint die Ergebnisse der Bildanalyse mit der Literaturarbeit. Hierbei handelt es sich um den pädagogischen Blickwinkel auf die Raumgestaltung. Eine Überprüfung bezüglich Umsetzbarkeit muss durch die jeweiligen Schulleitung und Fachgewerke zwingend erfolgen. Abschließend werden die Beantwortung der Forschungsfrage und die zentralen Ergebnisse dieser Arbeit zusammengefasst und ein Ausblick für zukünftige Forschungsarbeiten gegeben.

2 Der Raum als Variable in der Notfallsanitäterausbildung

Die berufliche Bildung stellt in jedem Fachbereich sehr individuelle Anforderungen an die Lernumgebung. So benötigen Schreiner*innen in ihrer Ausbildung eine andere Lernumgebung als die NotSan. Um die Anforderungen klar herausarbeiten zu können wird im Folgenden der pädagogische Raum und der schulische Teil der NotSan-Ausbildung beleuchtet. Anschließend werden die speziellen Anforderungen, die sich aus den pädagogischen Vorgaben ergeben, auf die Lernumgebung übertragen und ein lernförderliches Raumkonzept speziell für die NotSan-Ausbildung aufgezeigt.

2.1. Der pädagogische Raum

„Vom Gründer der Reggio-Pädagogik, Loris Malaguzzi, stammt der Satz: 'Der erste Lehrer sind die Schüler, der zweite die Lehrer und der dritte die Räume!'"(Stadler-Altmann, 2016, S. 114). Lernenden und Lehrenden wird in der Wissenschaft viel Aufmerksamkeit geschenkt. Den Räumen hingegen fast gar keine. Und dass, obwohl der massive Einfluss des Raumes auf die Leistungsfähigkeit, das Wohlbefinden wie auch die Gesundheit aller Beteiligten be-

kannt ist (vgl. Stadler-Altmann, 2016, S. 29). „Räume können [nämlich] elementare Gefühle in uns auslösen" (Opp &
Brosch, 2010, S. 10).

Insbesondere Lernen hat viel mit Gefühlen zu tun, da sich
der Lernende während eines Lernprozesses aus seiner
Komfortzone heraus bewegt. Neue, unbekannte Situationen lösen in einem Menschen primär Unbehagen, Angst
und Unsicherheit aus. Lernphysiologisch hat sich gezeigt,
dass der Mensch durch dieses Unbehagen und sein Stre-
ben nach Sicherheit besser lernt als in der Komfortzone
(vgl. Michl, 2015, S. 40). Deshalb ist es besonders wichtig,
dass der Lernende sich in einer Umgebung befindet, die
Sicherheit ausstrahlt und den individuellen Lernprozess
anregt und unterstützt. Doch nicht nur die Lernenden un-
terliegen dem Einfluss und den Grenzen eines Raumes.
Auch Lehrende richten ihr methodisches und didaktisches
Vorgehen häufig an den Grenzen des Raumes aus und
nicht an den Bedürfnissen der Lernenden. Vorhandenes
Material und die grundlegende Ausstattung des Raumes
bedingen die Interaktion und den Ablauf des Unterrichts
(vgl. Stadler-Altmann, 2016, S. 58). Bei der Nutzung des
Raumes scheint neben den baulichen Gegebenheiten
auch die pädagogische Haltung der Lehrenden eine ent-
scheidende Rolle zu spielen. Im Rahmen dieser Arbeit wird

die Nutzung und innere Überzeugung bezüglich des pädagogischen Konzeptes SOL in einem lernfeldorientierten Unterricht bei den Lehrenden der Bildungseinrichtung Ravensburg als gegeben angenommen.

Bevor die einzelnen Bestandteile des pädagogischen Raumes beleuchtet werden, muss der Raum, wie auch der pädagogische Raum, definiert werden. Die Definition des Begriffes Raum ist sehr schwierig, da der Begriff interdisziplinär Anwendung findet. Primär ist der Raum abhängig von der Disziplin, die mit ihm arbeitet. In der Physik ist der Raum ein Behälter für ein Experiment wohingegen er in der Raumfahrt das Weltall beschreibt (vgl. Nitsche et al., 2013, S. 23). Für diese Arbeit ist das architektonische bzw. materielle Verständnis des Raumes wie auch das pädagogische relevant. Der materielle Raum ist primär nur eine physikalische Abgrenzung. Da der Raum aber nicht losgelöst von seinem Nutzen betrachtet werden darf, muss die pädagogische Vorgehensweise bei Lernräumen mitberücksichtigt werden. Durch die Entwicklung und Umsetzung von Unterricht wird aus dem materiellen Raum ein pädagogischer Raum, der den ständigen Wechselwirkungen zwischen Raum und Unterricht unterliegt (vgl. Wittwer et al., 2015, S. 11; Opp & Brosch, 2010, S. 59).

„Lern-Raum ist gleichsam die soziale Situation, die sich zwar eines bestimmten materiell-physischen Raumes bedienen kann, die aber nicht auf diesen angewiesen ist" (Wittwer et al., 2015, S. 15).

Lernen findet somit in jeder Umgebung statt und nicht nur im Klassenraum. Ein ebenfalls häufig verwendeter Begriff ist in diesem Zusammenhang die Lernumgebung. Hierbei handelt es sich um „spezifische Lehr-Lernangebote [...], die es Schülerinnen und Schülern ermöglichen in verschiedenen Interaktionsformen und mit unterschiedlicher Ausstattung zu lernen" (MKJS in Zusammenarbeit mit dem LS, 2009, S. 1). Für diese Arbeit wird der Lernraum, wie auch die Lernumgebung, nur im Rahmen des materiellen Raumes betrachtet und somit als Synonym zum pädagogischen Raum benutzt.

Da der Raum nicht losgelöst von seinem Nutzen betrachtet werden darf, kann auch nur der*die Nutzer*in entscheiden, ob ein Raum ein guter Raum ist. Deshalb ist nicht nur die Betrachtung des pädagogischen Konzeptes relevant, sondern auch die tägliche Nutzung des Raumes durch Lehrende und Lernende. Die Befragung von 500 Lernenden in den unterschiedlichsten Schulformen und Jahrgangsstufen in Deutschland hat drei Kriterien ergeben, nach denen die Lernenden ihre Schulen beurteilen und entscheiden, ob sie sie für gut befinden (vgl. Stadler-Altmann, 2016, S. 24-26):

- anregend und abwechslungsreich

- freilassend und befreiend

- Wärme und Weichheit

Stadler-Altmann (2016, S. 55-56) wiederum benennt fünf Funktionen, die ein Lernraum erfüllen muss, um ein guter Lernraum zu sein:

- Geborgenheit

- Wohlbefinden

- Symbolische Identifikation

- Zielunterstützung

- Sozialer Kontakt und Zusammenhalt

Diese Erkenntnisse zeigen, dass ein Lernraum nicht nur funktional, sondern auch beschützend, kommunikativ, befreiend, anregend und vieles mehr sein muss. Um diese Funktionen auf die Gestaltung eines Raumes übertragen zu können, wird der pädagogische Raum in drei Dimensionen unterteilt (vgl. Opp & Brosch, 2010, S. 83):

- die äußere Form
- die fest installierte Innenausstattung
- die beweglichen Elemente im Innenraum

In den nächsten drei Kapiteln werden die wichtigsten aktuellen Erkenntnisse zu den drei Dimensionen des pädagogischen Raumes und deren Einfluss auf die Nutzer*innen dargestellt.

2.1.1 Die äußere Raumform

Die äußere Form stellt das eigentliche Schulgebäude dar. Vielen Schulen, ob allgemeinbildend oder beruflich, sind heutzutage immer noch kastenförmige und somit wenig einladende Gebäude. Im Gebäude selbst prägen triste Farben, lange, kühle Flure und standardisierte, aneinandergereihte und ungemütlich wirkende Klassenzimmer das Bild (vgl. Stadler-Altmann, 2016, S. 115). Diese geschlossene Raumordnung ist typisch für Schulen mit starren Regeln, an die sich die Lernenden anzupassen haben. Dadurch wird die individuelle Entfaltung der Lernenden bereits durch die Grundform der Schule unterdrückt. Schulen mit einem schülerzentrierten Ansatz finden sich typischerweise in Gebäuden mit einer offenen Architektur, bei der die materiellen Grenzen zunehmend aufgehoben werden (vgl. Nitsche et al., 2013, S. 139). Die Standardgröße eines Klassenzimmers an beruflichen Schulen muss laut dem *Ministerium für Kultus, Jugend und Sport BW* mindestens 60 m² betragen (vgl. o.D., o.S.). Bei einer Klassenstärke von 25 Lernenden verbleiben etwas mehr als 2 m² pro Nutzer*in. Dieser Flächenbedarf ist für „die neuen pädagogischen und organisatorischen Anforderungen" (Deutsche Gesetzliche Unfallversicherung e.V., 2014, S. 21) deutlich zu gering und führt eher zu Frust als zu Wohlbefinden bei den Nutzer*innen. Als Anhaltspunkt für eine passende Raumgröße kann hier das Prinzip der *fraktalen Schule* herangezogen werden. Dieses Lernraumkonzept ist für bewegtes Lernen in Gruppen konzipiert worden und fordert eine Raumgröße von mindestens 85 m² (vgl. Deutsche Gesetzliche Unfallversicherung e.V., 2014, S. 22). Somit wäre bei 25 Lernenden ein Platz von 3,4 m² pro Person vorhanden. Die *Leitlinien für Leistungsfähige Schulbauten in Deutschland* halten ein verbindliches Muster für Raumstrukturen an Schulen für überholt (vgl. Verband Bildung und Erziehung, Bund Deutscher Architekten BDA, Montag Stiftung Jugend und Gesellschaft & Montag Stiftung Urbane Räume AG, 2013, S. 60*)*. Deshalb werden hier 3,5 – 4,5 m² als Flächenbedarf für allgemeine Lern- und Unterrichtsbereiche veranschlagt, die je nach pädagogischem Konzept in unterschiedliche Räume aufgeteilt werden können (vgl. Verband Bildung und Erziehung et al., 2013, S. 64*)*. In den meisten Fällen kann die äußere Form nur bedingt oder gar nicht beeinflusst werden. Dennoch können lernwirksame und freundliche Lernumgebungen

entstehen. Um dies zu ermöglichen, müssen die fest installierte Innenausstattung und die beweglichen Elemente immer wieder an die Anforderungen angepasst werden.

2.1.2 Die feste Innenstruktur

Zur festen Innenstruktur gehören alle fest verbauten Elemente in einem Gebäude, die Einfluss auf die Nutzer*innen
und die Wahrnehmung des Raumes haben (vgl. Opp &
Brosch, 2010, S. 83). Hierzu zählen:

- Akustik
- Farbgestaltung
- Lichtgestaltung
- Stromversorgung.

Eine gute **Akustik** ist nach Schönig & Schmidtlein-Mauderer (2013, S. 91ff.) ein zentrales Element einer guten Lernumgebung, da sie einen großen Einfluss auf die sozialen
Interaktionen und das Wohlbefinden hat. Auf der einen
Seite soll das Gesprochene gut verstanden werden, auf
der anderen Seite sollen unnötige Geräusche nicht ver-
stärkt werden. Mangelndes Sprachverständnis hat lauteres
Sprechen zur Folge, was eine Steigerung des allgemeinen
Geräuschpegels nach sich zieht. Die Ausgangssituation,
das mangelnde Sprachverständnis, wird dadurch weiter
verschlechtert. Diesem sogenannten Lombard-Effekt

15

kommt besonders bei schülerzentrierten Unterrichtsformen eine große Bedeutung zu. Die DIN 18041 stellt für die Planung der Raumakustik eine anerkannte Regel dar (vgl. Schönig & Schmidtlein-Mauderer, 2013, S. 110). Nach den enthaltenen Vorgaben kann die notwenige schallabsorbierende Oberfläche berechnet werden, damit die Nachhallzeiten dem Raumvolumen entsprechend ausfallen. Um die Nachhallzeit in bestehenden Räumen zu bestimmen wird eine Messung nach DIN EN ISO 3382-1 und 3382-2 empfohlen (vgl. Schönig & Schmidtlein-Mauderer, 2013, S. 110ff.). Kleine Veränderungen am Mobiliar oder Raumteiler können schon gute Verbesserungen bezüglich der Akustik erzielen. Dennoch sollte ein Fachmann anhand der Messungen und der Raumform ein entsprechendes Konzept zur Verbesserung der Akustik erstellen. Die Akustikdecke hat sich nach Nitsche et al. (2013, S. 198ff.) als effektivste Maßnahme zur Schallabsorption erwiesen. Zusätzlich zu einem professionellen Akustikkonzept gehört auch die Sensibilisierung der Lernenden für das Thema Lärm, um die Entstehung von Lärm bereits zu verringern. Im Rahmen einer Bildanalyse ist die Akustik nur schwer bis gar nicht zu erfassen. Zusätzlich handelt es sich hierbei und ein sehr spezielles Fachgebiet, weshalb in dieser Arbeit nicht weiter darauf eingegangen wird.

Da der Mensch 80% seiner Sinneseindrücke über die Augen wahrnimmt, ist eine entsprechende Beleuchtung für gutes Lernen unumgänglich (vgl. Fördergemeinschaft Gutes Licht, 16.06.2017, S. 4). Auch Geborgenheit und Wohlbefinden werden stark durch optische Reize beeinflusst. Doch **Licht** ist nicht gleich Licht. Generell ist Tageslicht jedem Kunstlicht vorzuziehen. Ob ein Raum nun viel oder wenig Tageslicht erhält, bestimmt die äußere Form des Raums. Aber auch künstliche Beleuchtung kann am natürlichen Lichtspektrum ausgerichtet werden. Hierbei ist darauf zu achten, dass „alle Anteile des Farbspektrums in einer ähnlichen gleichmäßigen Verteilung vertreten sind wie im Tageslicht" (Nitsche et al., 2013, S. 163). Ein dynamischer Farbwechsel, der dem Farbspektrum des natürlichen Tages nachempfunden ist, fördert nachweislich „die tägliche Leistungskurve" (Nitsche et al., 2013, S. 171). Neben der Art der Lichtquelle spielt auch deren Anordnung im Raum eine wichtige Rolle. Je nach Position der Lichtquelle und deren Strahlrichtung können einzelne Bereiche betont oder kaschiert werden. Dabei ist zu beachten, dass die Beleuchtungsstärke, die Helligkeitsverteilung, die Blendung und der Schattenwurf keine negativen Effekte erzeugen (vgl. Fördergemeinschaft Gutes Licht, 16.06.2017, S. 4). Generell werden drei Lichtquellen unterschieden. Das Primärlicht dient als Grundlicht, dass für die Orientierung im Raum sorgt. Dafür sind Up- and Downlights geeignet. Das

Sekundärlicht dient der direkten Arbeitsplatzbeleuchtung (vgl. Nitsche et al., 2013, S. 174). Hierbei muss die Ausrichtung so platziert sein, dass Oberflächen das Licht nicht unangenehm reflektieren und der Lernende geblendet wird oder die Hand beim Schreiben einen ungünstigen Schatten wirft. Eine Blendung reduziert die Sehleistung und somit auch die Leistungsfähigkeit (vgl. Fördergemeinschaft Gutes Licht, 16.06.2017, S. 4). Herausfordernd ist die Ausleuchtung bei flexibler Raumnutzung. Hier finden Lampen mit einer Kombination aus direkter und indirekter Beleuchtung Anwendung, da der Raum so gleichmäßig und blendfrei ausgeleuchtet werden kann. Um eine Blendung durch Sonnenlicht zu vermeiden, müssen zwingend Verdunkelungsmöglichkeiten in den Räumen vorhanden sein, da besonders bei flexibler Raumnutzung die Blickrichtung der Lernenden stark variiert (vgl. Fördergemeinschaft Gutes Licht, 16.06.2017, S. 10). Die dritte Lichtquelle stellt das tertiäre Licht dar. Die Betonung oder Kaschierung bestimmter Bereiche wird mit diesem Licht z.B. durch Wandleuchten erzielt. Im Präsentationsbereich werden Wandfluter gezielt eingesetzt, um diesen Bereich blendfrei auszuleuchten. Optimalerweise sind alle Lichter dimmbar, um eine individuelle Anpassung der Intensität des künstlichen Lichts an die Tageszeit vornehmen zu können (vgl. Nitsch et al., 2013, S. 169ff.). Dimmbares Licht ermöglicht auch die Berücksichtigung unterschiedlicher Kontraste bei der

Arbeit mit unterschiedlichen Materialien. Hierbei gilt: zu wenig Kontrast ist genauso ermüdend wie zu viel. Eine Zonierung des künstlichen Lichts mit individueller Steuerung ermöglicht zusätzlich eine optimale Anpassung an die Nutzer*innen. Digitale Steuereinheiten, die das Licht je nach Raumnutzung anpassen, stellen hierbei die effizienteste Lösung dar (vgl. Fördergemeinschaft Gutes Licht, 16.06.2017, S. 4ff.).

Die **Farbgestaltung** gehört ebenfalls zur fest installierten Innenstruktur eines Raumes und hat einen starken Einfluss auf das Wohlbefinden. Generell tendieren Schulen zu einem klaren, reinen Weiß an den Wänden. Die Farbe Weiß ist, wie auch Schwarz und Grau, eine Unbuntfarbe. Sie wirkt „aufhebend, Vergessen fördernd, auslöschend und enthebend, also kaum lernbegünstigend" (Nitsche et al., 2013, S. 180). Der Farbe Schwarz werden Assoziationen wie „Negierung, Skepsis [...] bis hin zur subjektiven Leistungsüberforderung" und der Farbe Grau „Müdigkeit, Ausweichen und Distanzierung" zugeschrieben (Nitsche et al., 2013, S. 181). Großflächiges Einsetzen der Unbuntfarben ist in Lernumgebungen als kontraproduktiv anzusehen. Deutlich geeigneter für die farbliche Gestaltung von Lernräumen sind Buntfarben. Diese werden in Warmfarben und Kaltfarben unterschieden. Je nach Farbe und Intensität können Warmfarben anregend, wärmend, behaglich oder ermunternd wirken. Kaltfarben hingegen strahlen Ruhe und Entspannung aus (vgl. Nitsche et al., 2013, S. 184). Ein ausgeglichenes Farbkonzept mit farblichen Akzenten setzt optische Reize für das Auge und kann sogar die Leistung steigern und vorhandene Belastungen senken. Zu viel Farbe oder zu starke Kontraste überfordern das Auge schnell und wirken ermüdend. Für Klassenräume sind „helle Pastelltöne und warmweiße Töne mit geringem Buntanteil" (Holfeld, 2013, S. 60f.) von Vorteil, da sie altersgruppenübergreifend als angenehm empfunden werden. Eine kurze Übersicht über die Wirkung der Farbnuancen ist in Tabelle 1 dargestellt. Je nach Helligkeitsgrad und Buntheitsgrad kann die Wirkung der einzelnen Farben jedoch

Tabelle 1: Wirkung der einzelnen Farbnuancen. Bei Mischfarben entscheidet das Verhältnis über die Wirkung. Quelle: In Anlehnung an Holfeld, 2013, S. 61-63

Farbnuance	Wirkung
rot	aktivierend
gelb und orange	angenehm anregend
grün	entspannend
blau	angenehm aktivierend
violett	unangenehm

stark variieren. Treffen verschiedene Farben im Raum auf-
einander hat auch dieses Zusammenspiel wieder Kraft.
„Durch Farben können Räume in Bereiche und Zonen aufgeteilt werden, und die Ausrichtung von Räumen kann betont oder abgeschwächt werden" (Pressel & Exner, 2016,
S. 78). Helle, kontrastarme Farben lassen den Raum größer wirken, wohingegen dunkle, kontrastreiche Farben zu
einer optischen Verkleinerung führen. Zur Farbe kommt
hinzu, dass die Materialien, die Oberflächenbeschaffenheit
und die Funktion des Gegenstandes die Farbwirkung
ebenfalls beeinflussen (vgl. Deutsche Gesetzliche Unfallversicherung e.V., 2014, S. 7). Um diese vielen Einflüsse
zu einem harmonischen Gesamtbild zu vereinen Bedarf es
Fachexpertise.

Im digitalen Zeitalter ist die individuelle **Stromversorgung**
in den Klassenräumen von großer Bedeutung. Lernende
und Lehrende arbeiten zunehmend mit digitalen Medien.
Um diese ganztägig zuverlässig einsetzen zu können,
müssen Steckdosen in ausreichender Anzahl vorhanden
sein. Auch sollten die Steckdosen so im Raum verteilt sein,
dass bei einer flexiblen Raumnutzung immer Zugriff besteht. Eine genaue Steckdosenanzahl pro Nutzer*in konnte
nicht ausfindig gemacht werden. Für die Arbeit mit digitalen
Endgeräten ist ebenso ein entsprechendes Netzwerk mit

Internetanbindung von zentraler Bedeutung (vgl. Schlagbauer & Schachaneder, 2017, S. 4).

2.1.3 Die beweglichen Elemente

Zu den beweglichen Elementen gehört die gesamte Ausstattung. Klassischerweise sind in einem Klassenraum folgende bewegliche Elemente zu finden:

- Tische
- Stühle
- Stauraum
- Präsentationsmedien
- Dekoration

Bei der Auswahl des Mobiliars für einen Raum muss berücksichtig werden welche Handlungen und Vorgänge damit durchgeführt werden möchten, damit es zielunterstüt-
zend ist. Denn jedes Mobiliar hat einen Aufforderungscharakter. In vielen Schulen ist das Mobiliar genauso einheit-
lich wie die Farbgestaltung und wurde somit nicht dem
Zweck entsprechend ausgewählt. Vorne im Raum befindet
sich typischerweise eine fest verbaute Tafel, ein Schrank
für Lehr-Lernmaterialien, Doppeltische mit unbequemen
Stühlen und ein Pult für die Lehrkraft (vgl. Schönig &
Schmidtlein-Mauderer, 2013, S. 125). Dieses Mobiliar ist

nicht mehr zeitgemäß und wirkt einer flexiblen und aktiven Raumnutzung entgegen. Zeitgemäßes Mobiliar passt sich den Nutzer*innen an und wirkt bei unterschiedlichsten Aufgaben unterstützend.

Bei den Tischen und Stühlen empfiehlt die Deutsche Gesetzliche Unfallversicherung (2014, S. 8ff.) individuell anpassbare Varianten. Um ein dynamisches Sitzen zu ermöglichen sollten **Stühle** drehbar und die Sitzfläche neigbar sein, da so unterschiedliche Sitzpositionen im Tagesverlauf eingenommen werden können. Zur Entlastung der Wirbelsäule finden auch immer mehr Sitzbälle den Weg in die Klassenzimmer. Das dynamische Sitzen stillt den Bewegungsdrang, verhindert ungesunde Sitzpositionen und beansprucht gezielt die Rückenmuskulatur. Da die Rückenmuskulatur im Laufe der Zeit ermüdet, darf der Sitzball nicht als alleiniges Sitzmedium dienen, sondern nur ergänzend zu normalen Stühlen genutzt werden. Bei all den Sitzalternativen ist es dennoch am gesündesten so wenig zu sitzen wie irgend möglich.

Deshalb ist bei **Tischen** eine Höhenverstellbarkeit nicht nur hinsichtlich der individuellen Sitzposition erstrebenswert, sondern auch um einen Wechsel zwischen sitzendem und stehendem Arbeiten zu ermöglichen. „Gerade die wechselnden Belastungen vom Sitzen zum Stehen und umgekehrt haben eine gesundheitsförderliche Wirkung"

23

(vgl. Deutsche Gesetzliche Unfallversicherung e.V., 2018, S. 14). Zusätzlich bewirkt Stehen eine Kreislaufaktivierung und beugt Ermüdungserscheinungen auch durch besseren Blickkontakt vor (vgl. Watschinger & Weyland, 2017, S. 53). Bezüglich der Individualität sind Einzeltische gegenüber Partnertischen zu bevorzugen. Ergonomische Schülertische weisen zusätzlich zur Höhenverstellbarkeit noch eine neigbare Tischplatte auf (vgl. Deutsche Gesetzliche Unfallversicherung e.V., 2014, S. 8). Bei der Form der Tische bietet der Markt viele Optionen. Rechteckige Partnertische in rechteckigen Räumen sind für Frontalunterricht mit stillsitzenden Schüler*innen entwickelt worden (vgl. Opp & Brosch, 2010, S. 148). Werden die Tische zu Gruppentischen zusammengestellt, benötigen die rechteckigen Tische viel Platz im Raum. Des Weiteren hat sich gezeigt, dass sie ein ungünstiges Verhältnis bezüglich der Kommunikationsdistanz unter den Gruppenmitgliedern aufweisen und es dadurch zu Kommunikationsstörungen kommen kann (vgl. Buddensiek, 2009, S. 3ff.). Als optimale Tischform für Sechsergruppen haben sich Trapeztische erwiesen (vgl. Opp & Brosch, 2010, S. 150). Einziger Nachteil stellt der Platzbedarf dar, da Trapeztische nicht in jedem Raum optimal positioniert werden können. Bei ungünstigen Raumformen können Dreieckstische Abhilfe schaffen (vgl. Buddensiek, 2009, S. 18). Sie bieten die

Möglichkeit sowohl Einzel- und Partnerarbeit durchzuführen wie auch Gruppenarbeiten (vgl. Schönig & Schmidtlein-Mauderer, 2013, S. 127).

Zu beachten ist bei Einzelarbeiten die geringe Tischfläche der Dreieckstische, die das Ablegen mehrerer Unterlagen erschwert. Deshalb ist für Einzelarbeitsplätze eher eine quadratische Tischform geeignet. Für Gruppenarbeiten lassen sich die Dreieckstische bei Vierergruppen zu einem Quadrat oder aber bei Sechsergruppen zu einem Sechseck zusammenstellen. Die Kommunikationsdistanz unter den Gruppenmitgliedern bleibt immer dieselbe. Trapeztische wie auch Dreieckstische können ebenfalls zu verschiedensten Formationen für den Frontalunterricht wie z.B. das Hufeisen zusammengestellt werden. Werden die Dreieckstische nicht benötigt können sie einfach und platzsparend gestapelt werden (vgl. Deutsche Gesetzliche Unfallversicherung e.V., 2018, S. 9).

Eine weitere Tischform sind die Rundtische, welche es in vielen Ausführungen gibt. Von kleinen kreisrunden Tischen über Halbrundtische bis hin zum Hufeisentisch ist alles möglich. Diese Tische sind weniger flexibel einsetzbar, da sie eine feste Form vorgeben und sich schlecht kombinieren lassen. Die Halbrundtische können in Kombination mit quadratischen oder Dreieckstischen zu größeren Gruppenarbeitsplätzen zusammengestellt werden. Der Bogentisch ist eine Tischform, die für Tischrunden konzipiert wurde. Ebenso wie die Wellentische eignen sie sich auch für freie Tischformationen im Raum (vgl. Dysma Kindergartenbedarf GmbH, o.D., [6ff.]). Je flexibler die Tische genutzt werden sollen, umso leichter sollten sie sein und im besten Fall Rollen besitzen. Dieselben Anforderungen gelten auch für den Lehrerarbeitsplatz. Das feststehende Lehrerpult ist im Zeitalter des mobilen Arbeitens überholt und sollte durch flexible und ergonomische Lehrertische ersetzt werden (vgl. Deutsche Gesetzliche Unfallversicherung e.V., 2018, S. 9).

Besonders bei der flexiblen Raumnutzung kommt dem **Stauraum** eine wichtige Bedeutung zu. Um ein Klassenzimmer schnell und einfach umräumen zu können, müssen unnötige Materialen wie z.B. Schülertaschen zur Seite geräumt werden können. Personalisierte Fächer erhöhen die Nutzung des Stauraums wie auch die Identifikation der Lernenden mit dem Raum (vgl. Watschinger & Weyland, 2017, S. 68). Rollbare Regale haben hierbei den Vorteil, dass der Stauraum mit dem Lernenden mitwandern und multifunktional als Raumteiler genutzt werden kann. Je nach Höhe der Regale können sie sogar als Steharbeitsfläche genutzt werden, wenn mehrere Regale zusammengeschoben werden. Bei der Implementierung von Stauraum ist als Qualitätsmaßstab der frei zur Verfügung stehende Raum zu beachten (vgl. Deutsche Gesetzliche Unfallversicherung e.V., 2014, S. 9ff.). Je nach Raumgröße, -form und weiteren Möbeln sollte darüber nachgedacht werden Stauraum außerhalb des Klassenzimmers zu etablieren. Durchgangsräume bieten häufig ungenutzte Flächen, die hierfür genutzt werden können.

Bei den **Präsentationsmedien** verliert die klassische Schultafel, die fest im Raum verbaut ist, zunehmend an Bedeutung. Im digitalen Zeitalter wird sie durch Leinwand und Beamer oder interaktive Whiteboards abgelöst. Beide Systeme ermöglichen das Darstellen von digitalen Inhalten im Klassenzimmer. Das interaktive Whiteboard bietet hierbei die Möglichkeit, die Inhalte auf dem Whiteboard zu bearbeiten (vgl. Deutsche Gesetzliche Unfallversicherung e.V., 2014, S. 29). Beamer wie auch Whiteboards gibt es in unzähligen Ausführungen und Preisklassen, so dass diese hier nicht genauer beleuchtet werden. Durch den festen Einbau in einem Klassenzimmer ist die mangelnde Mobilität der Präsentationsfläche den beiden digitalen Präsentationsmedien gemein. Liegt der Fokus auf einer flexiblen Raumnutzung müssen auch die Präsentationsmedien flexibel sein. Eine frontal ausgerichtete, fest verbaute Tafel oder eine fest verbaute Leinwand mit Beamer sind hierfür nicht geeignet. Um die vorhandenen Wandflächen zu nutzen, gibt es Schienensysteme für flexible Präsentationsmedien (vgl. Schönig & Schmidtlein-Mauderer, 2013, S. 127). Kleine flexible Tafeln, Pinnwände, Flipcharts, Whiteboards und sogar Leinwände für Beamer können individuell dort platziert werden, wo sie gerade gebraucht werden. Ebenso flexibel sind Flipcharts, Stellwände und Whiteboards auf Rollen. Stellwände können hier, je nach Format und Material, zusätzlich die Funktion als Raumteiler erfüllen. Auf der anderen Seite beanspruchen diese im Raum stehenden Präsentationsmedien wiederum Platz. Somit muss je nach Raumgröße, Wandbeschaffenheit und Vorliebe entschieden werden, welche flexiblen Präsentationsmedien zum Einsatz kommen.

Bewegliche Elemente können in der Raumgestaltung auch gezielt genutzt werden, um das Wohlbefinden zu steigern. Eine anregende und individuelle Gestaltung ist im Bereich der **Dekoration** gefragt. Ein mit Dekoration wahllos überladener Raum wird von den Lernenden häufig abgelehnt. Pflanzen, Vorhänge und Teppiche wirken, gezielt eingesetzt, positiv auf das Wärmeempfinden in einem Gebäude (vgl. Schönig & Schmidtlein-Mauderer, 2013, S. 76ff.). Das Betrachten von Pflanzen wirkt entspannend und stressreduzierend. Durch den kurzzeitigen Reizwechsel beim Betrachten des natürlichen Grüns wird der konzentrationsfördernde Effekt durch Pflanzen erklärt (vgl. Frenzel & Schraml, o.D., S. 9ff.). Teppiche und Vorhänge sind Textilien, die an Kleidung erinnern und somit als angenehm und vertraut wahrgenommen werden (vgl. Pressel & Exner, 2016, S. 76). Bei der Farbwahl dieser Dekoartikel muss das gesamte Farbkonzept von Wand-, Boden- und Deckenfarbe bis hin zu den Möbeln berücksichtigt werden.

Die ausgeführten Elemente der Raumgestaltung zeigen, dass die positive Lernumgebung multifaktoriell ist und alle Elemente individuell bewertet werden müssen. Ein stimmiges Gesamtbild ist bei der Raumgestaltung, „die höchste Qualität, die es zu erreichen gilt" (Watschinger & Weyland, 2017, S. 167). „Welche Raumgestaltung die Schule aus einer pädagogischen Sicht haben soll, lässt sich [deshalb] nicht generell beantworten" (Nitsche et al., 2013, S. 133) Um die speziellen Anforderungen der NotSan-Ausbildung an die Lernumgebung ermitteln zu können, wird im nächsten Kapitel der schulische Teil der Ausbildung beleuchtet.

2.2 Die Notfallsanitäterausbildung – selbständiges Lernen im Lernfeld

Am 1.1.2014 trat das Notfallsanitätergesetz (NotSanG) in Deutschland in Kraft. Da die Umsetzung des NotSanG und der Ausbildungs- und Prüfungsverordnung auf Länderebene geregelt wird, werden in diese Arbeit nur die Regelungen des Landes BW berücksichtigt. Ziel der neu strukturierten Ausbildung ist die Handlungskompetenz für den späteren Berufsalltag im Rettungsdienst. Der NotSan muss eine individuelle, patientenorientierte Versorgung in Zusammenarbeit mit anderen Berufsgruppen und Teammitgliedern durchführen können (vgl. Ohder et al., 2014, S. 31-32). Um diesen Anforderungen gerecht zu werden, ist die dreijährige Ausbildung zum NotSan auf Stufe 4 des Deutschen Qualifikationsrahmen (DQR) einsortiert. Dies bedeutet, dass ein hohes Maß an Eigenständigkeit in dieser Ausbildung vermittelt und erlernt werden muss. Das didaktische Konzept der LF spiegelt diese Eigenständigkeit und Handlungskompetenz wider. In der Lernfelddidaktik liegt nicht die Theorie der Handlung zugrunde, sondern die Handlung bestimmt, welche Theorie benötigt wird, um die Handlung zu bewältigen. Berufliche und gesellschaftliche Aufgaben werden zu Handlungsfeldern zusammengefasst.

Didaktisch aufbereitete Handlungsfelder sind die sogenannten LF (vgl. Sekretariat der Kultusministerkonferenz,
14.12.2018, S. 11f.).

Im Rahmen der NotSan-Ausbildung wurden in der Ausbil-
dungs- und Prüfungsverordnung zehn Themenbereiche
definiert, welche im NotSan-Curriculum für BW als zehn LF
ausformuliert wurden und eine spiralcurriculare Kompeten-
zentwicklung ermöglichen (vgl. Ohder et al., 2014, S. 49).
Dieser spiralcurriculare Aufbau ergibt sich aus der Hand-
reichung der KMK (14.12.2018., S. 12) für die Erarbeitung
von Rahmenlehrplänen in Berufsschulen.

> „Ein Spiralcurriculum ist ein didaktisches Lehrprinzip. Es
> ordnet den Lernstoff so an, dass die vermittelten Inhalte
> zunehmend komplexer werden und sich Wissen aufbau-
> end entwickelt." (vgl. Umlauf & Stang, 2018, S. 71).

Um die geforderte Handlungskompetenz zu erlangen reicht
reines Wissen in der NotSan-Ausbildung nicht aus. Die
KMK und der DQR beziehen sich beide auf den Begriff der
Kompetenz. *Competentia* stammt aus dem Lateinischen
und bedeutet so viel wie Zusammentreffen (vgl. Ohder et
al., 2014, S. 43). Weinert (2002, S. 27f.) definiert Kompetenzen als verfügbare oder erlernbare kognitive Fähigkeiten und Fertigkeiten zur Problemlösung. Hierbei spielen die
intrinsische Motivation und die soziale Bereitschaft eine

wichtige Rolle, um diese Problemlösestrategien auch in unterschiedlichen Situationen verantwortungsvoll anzuwenden und zu reflektieren. Kompetenzen führen somit die Ressourcen Wissen, Fertigkeiten und Haltungen zusammen. Fertigkeiten können hierbei als Verhaltensweisen definiert werden, die es ermöglichen Wissen in Anwendung zu bringen. Bei der Anwendung spielt die persönliche Haltung, also Werte und Normen, wiederum eine zentrale Rolle (vgl. Städeli et al., 2013, S. 11f.). Wird das ganze aus dem Blickwinkel der Lernenden betrachtet, soll die Ausbildung von Kompetenzen dazu befähigen Anforderungen des beruflichen Alltags, wie auch des Lebens in der Gesellschaft zu bewältigen und mitzugestalten (vgl. Sekretariat der Kultusministerkonferenz, 14.12.2018, S. 10). Diese Handlungskompetenz setzt sich im Rahmen der NotSan-Ausbildung aus vier Kompetenzbereichen zusammen: Fachkompetenz (Wissen), Methodenkompetenz (Fertigkeiten), Personalkompetenz und Sozialkompetenz (Haltung). Diese vier Kompetenzbereiche müssen während der Ausbildung zum NotSan geschult, gefördert und weiterentwickelt werden. Hierfür werden verschiedenste Lernformen benötigt, die alle unterschiedlichste Anforderungen an die Lernumgebung stellen. Folgende Lern- und Sozialformen, wie sie Herold & Herold (2011, S. 215ff.) oder Schewior-

Popp (2014, S. 98ff.) für eine selbstorganisiertes und kompetenzorientiertes Lernen beschreiben, finden in der NotSan-Ausbildung Anwendung:

- Plenumsphasen benötigen Platz für viele Lernenden mit Blickrichtung auf eine Projektionsfläche. Hier kann der Einstieg mittels Advance Organizer, Fachvorträge, Schülervorträge, Zusammenfassungen und vieles mehr stattfinden.

- Beim kooperativen Lernen wird in kleinen Gruppen neues Wissen ausgearbeitet und gefestigt. Diskussionen, Präsentationen und vieles mehr finden dabei Anwendung.

- Das individuelle Lernen dient dem Erwerb von neuem Wissen, aber auch der Vertiefung bereits erlernter Inhalte. Lesen von Texten, Erstellen von Zusammenfassungen und Videos schauen sind nur wenige der vielen individuellen Lernformen.

- Beim Skilltraining können praktische Fertigkeiten kontextfrei trainiert werden, die für die beruflichen Handlungen wichtig sind. Z.B. die Immobilisation mittels Vakuummatratze oder Spineboard.

- In einer Fallsimulation werden Skills in komplexen Situationen zur Anwendung gebracht. Bereits gelernte Inhalte und praktische Einzelhandlungen werden hierbei zu einer realitätsnahen Handlungssituation zusammengesetzt.

- Die Regeneration spielt beim Lernen, besonders in ganztägigen Lernphasen in der NotSanAusb, eine wichtige Rolle. Lernen ist ein komplexer Prozess, der Energie verbraucht. Um leistungsfähig zu bleiben, benötigen Lehrende und Lernende Rückzugsmöglichkeiten zur Regeneration.

Bei der Betrachtung der Lernformen ist zu berücksichtigen, dass jeder Lernende unterschiedliche Voraussetzungen in den verschiedensten Kompetenzbereichen mitbringt und somit viel Individualität in das Entwickeln der Handlungskompetenz einfließen muss. Diese Individualität wird durch die Selbstorganisationsprinzipien Zielorientierung, Selbstähnlichkeit und Selbstoptimierung verursacht, nach denen das menschliche Gehirn arbeitet. Dies bedeutet, dass das menschliche Gehirn dem Ziel des Überlebens nacheifert und alle dafür notwenigen Informationen in einem System abspeichert, dass neue Informationen an ähnliche, bereits bekannte Informationen anknüpft. Diese Abläufe sind zwar in jedem Gehirn gleich, aber die detaillierte Umsetzung variiert von Mensch zu Mensch sehr stark. Diese Selbstorganisationsprinzipien werden durch das Konzept des SOL berücksichtigt und aktiv in die Unterrichtsgestaltung eingebunden (vgl. Herold & Herold, 2011, S. 55ff.).

Das Ziel ist, dass die Lernenden nicht nur selbständig aktiv lernen, sondern auch den Weg dorthin möglichst individuell gestalten und selbstorganisiert beschreiten. Im Rahmen dieser Lehr- und Lernform werden in der Literatur die Begriffe selbstorganisiert, selbstgesteuert, selbstreguliert und selbstbestimmt nicht trennscharf benutzt. Selbstgesteuertes Lernen beschreiben Herold und Landherr (2003, S.8) als Idealvorstellung, bei der der Lernende über sämtliche Aspekte des Lernens selbst bestimmt. Da dies im deutschen Schulsystem mit Schulpflicht, welche auch im Rahmen des Ausbildungsverhältnisses besteht, nicht umsetzbar ist, findet die Selbstorganisation hier Anwendung. Dieses Konzept berücksichtigt die vorgegebenen Rahmenbedingungen wie Lernziele oder Unterrichtszeiten und ermöglicht dennoch möglichst viel Freiraum (Busch, 2011, S. 5-6).

Das selbstregulierte Lernen stammt vom Konzept der Selbstregulation ab und bezieht „den Prozesscharakter des Lernens mit ein" (Perels, 12.2011, S. 6). Zentrale Komponenten für diese Lernform stellen die kognitiven, metakognitiven und motivationalen Strategien dar (vgl. Hasselhorn & Schneider, 2008, S. 32). Bei der genauen Betrachtung der zentralen Komponenten des selbstregulierten Lernens lässt sich ein Zusammenhang zu den Kompetenzbereichen der NotSan-Ausbildung erkennen. Die kognitiven Strategien lassen sich mit der Fachkompetenz oder dem Wissen gleichsetzen. Die metakognitiven Strategien bezeichnen die Steuerung des eigenen Lernens, also auch die Stärkung der Personal- und Methodenkompetenz. Die Personalkompetenz kann auch den motivationalen Strategien zugeordnet werden, da die intrinsische Motivation für den eigenen Lernprozess ein Teil der personalen Kompetenz darstellt. Die Beschreibungen des selbstgesteuerten und selbstregulierten Lernens sind in der Literatur deckungsgleich zur Selbstorganisation. Für diese Arbeit wird der Begriff des SOL im Sinne der beschriebenen Selbstorganisation und Selbstregulation verstanden, da er im Kontext der Berufsschule am besten umzusetzen ist. Die Kombination von SOL mit den beschriebenen Lern- und Sozialformen stellt eine Herausforderung für Lehrende und Lernende dar. Lehrende müssen lernen als Lernbegleiter zu agieren. Hingegen müssen die Schüler*innen lernen zunehmend Verantwortung für ihr eigenes Lernen zu übernehmen (vgl. Herold & Herold, 2011, S. 95). Aber auch an die Lernumgebung werden neue Anforderungen gestellt, da nicht mehr alle Schüler*innen einer Klasse in einem Raum mit derselben Lern- und Sozialform lernen.

2.3 Lernförderliche Raumkonzepte in der Notfallsanitäterausbildung

Die Beleuchtung der multifaktoriellen Lernumgebung, wie auch der Anforderungen der NotSan-Ausbildung an die Lernumgebung mit den verschiedensten Lern- und Sozialformen spiegelt die Komplexität der Thematik wider. Für die Vernetzung des didaktischen Prinzips der Selbstorganisation mit einer darauf angepassten Lernumgebung wird ein neues Raumkonzept benötigt, welches von der klassischen Klassenzimmerstruktur abweicht. Das *flexible Klassenzimmer,* das *Klassenzimmer Plus,* das *Cluster-Konzept* und die *Lernlandschaften* (= offene Lernbereiche) sind Raumkonzepte mit unterschiedlich starker Öffnung der Klassenzimmerarchitektur (vgl. Schönig & Schmidtlein-Mauderer, 2013, S. 126; Le Gouvernement du grand-duché de Luxembourg, 2018, S. 28).

Laut Herold und Herold (2011, S. 2015) ist die Umsetzung von SOL in bereits bestehenden Schulen mit Klassenzimmerstruktur möglich. Durch flexibles Mobiliar, welches eine individuelle Raumstrukturierung und damit auch Nutzung möglich macht, wird der Klassenraum von seiner frontalen Ausrichtung befreit (vgl. Schönig & Schmidtlein-Mauderer, 2013, S. 127) und zum *flexiblen Klassenzimmer* umgestaltet. Folgende Hauptfunktionen muss die flexible Lernraumgestaltung erfüllen, um eine gesundheits- und kommunikationsfördernde Lernumgebung zu sein:

1. „Platz für einen konzentrischen Stuhlkreis, der sich in hinreichender Größe möglichst ohne Umräumen der Tische herstellen lässt,

2. Platz für eine freie Mitte im Raum, auf der sich spontane Aktionen entfalten oder Meditations- und Bewegungsübungen stattfinden können,

3. Platz für eine konzentrierte Gruppenarbeit, bei der die Kommunikationsdistanz innerhalb der einzelnen Arbeitsgruppen möglichst klein und zwischen den Gruppen möglichst groß ist,

4. Platz für eine hinreichende Zahl von (rollbaren) Regalen, in denen alle benötigten Lernmaterialien unterzubringen sind,

5. Platz für eine möglichst ungestörte Einzel- und Partnerarbeit,

6. Platz für Phasen einer frontalen Präsentation mittels unterschiedlicher Medien (Tafel, Tageslichtprojektor, Beamer, Landkarte),

7. Bewegungsfläche für einen möglichst reibungslosen und spontanen Wechsel der genannten Raumfunktionen,

8. eine angemessene Arbeitszone für die Lehrkraft." (Opp & Brosch, 2010, S. 158)

Die geforderten Funktionen können mittels ausreichend großer Räume im Verhältnis zur Schülerzahl und flexiblem, platzsparendem Mobiliar (siehe Kapitel 2.1.3) erreicht werden. Da das Zusammenspiel der einzelnen Bauteile eines Lernraumes höchst individuell ist, kann keine konkrete Empfehlung für die Ausstattung und Gestaltung im Detail gemacht werden. Je nach baulicher Grundstruktur und individuellen Vorlieben der Nutzer*innen bestehen viele mögliche Variationen eine flexible Lernumgebung zu gestalten. Trotz der Wandelbarkeit der Lernräume ist es ein Trugschluss, dass jeder Raum jeder Anforderung gerecht werden muss (vgl. Stadler-Altmann, 2016, S. 115). Spezialisierungen wie z.B. ein Praxisraum sind trotz aller Flexibilität noch sinnvoll. Das Konzept *Klassenraum plus* kann bei unzureichend großen Räumen genutzt werden. Hierbei werden die Klassenräume durch separate Gruppenräum für Einzel-, Partner- und Gruppenarbeiten ergänzt (vgl. Verband Bildung und Erziehung et al., 2013, S. 27).

Bei der Entfernung von der Klassenzimmerstruktur eröffnet das Konzept *Cluster* neue Möglichkeiten. Mehrere Räume unterschiedlicher Größen werden hierbei zu einer Sinneinheit zusammengefasst (vgl. Seydel, 2013, S. 7). Diese Sinneinheit beinhaltet Klassenräume, aber auch Differenzierungsbereiche für z.B. Gruppenarbeiten oder praktische Trainings. Geclustert werden können die Räume hierbei nach ihrem Zweck, wodurch sie zu Fachräumen werden. Dabei verbindet ein gemeinsamer Unterrichtsbereich für Großgruppen die separaten Differenzierungsbereiche, in denen verschiedene Lernformen Anwendung finden (vgl. Verband Bildung und Erziehung et al., 2013, S. 24ff.). Eine Aufteilung der Räume ist auch nach Jahrgängen oder jahrgangsübergreifend möglich (vgl. Le Gouvernement du grand-duché de Luxembourg, 2018, S. 31). Bei dieser Form des Clusterns erhält jede Klasse einen Hauptraum, welche um einen großen Gemeinschaftsraum angeordnet sind. Der Differenzierungsbereich für unterschiedliche Lernformen ist in diesem Gemeinschaftsraum angelegt und kann klassenübergreifend genutzt werde. Das Konzept der Lernlandschaft bricht das Klassenzimmerdenken noch weiter auf. Offen gestaltete Lernbereiche sind in Zonen für unterschiedliche Lernformen unterteilt, die von allen Lernenden individuell genutzt werden können (vgl. Le Gouvernement du grand-duché de Luxembourg, 2018, S. 33ff.). Das klassische Klassenzimmer gibt es in diesem Raumkonzept nicht mehr.

Lernlandschaften bieten aus Sicht der Verfasserin das größte Potential für die Umsetzung von SOL in der Lernfelddidaktik, da die Individualität der Lernenden in diesem Konzept am besten berücksichtigt wird. Vor dem Hintergrund der Entwicklungskurve der Selbstorganisationskompetenz der Lernenden im Rahmen der NotSan-Ausbildung und dem damit einhergehenden wechselnden Schwerpunkt der Lernformen scheint das Konzept *Cluster* ebenfalls ein mögliches Raumkonzept zu sein. Ebenso kann das *Cluster-Konzept* in klassischen Schulräumen leichter verwirklicht werden als eine Lernlandschaft, die definitiv baulicher Veränderungen bedarf. Ein sinnvolles Cluster für die NotSan-Ausbildung könnte eine Mischung aus dem Zweckcluster, dem Jahrgangscluster und dem jahrgangsübergreifenden Cluster sein. Funktionsräume werden bei umfangreicher Simulation in realitätsnaher Umgebung zwingend benötigt. Klassenübergreifend in einem Jahrgang kann bei zwei oder mehr Klassen pro Jahrgang themenspezifisch zielführend sein und den Austausch untereinander anregen. Jahrgangsübergreifend ist immer dann möglich, wenn zwei Jahrgänge zur selben Zeit einen Schulblock haben. Zusätzlich müssen die jeweiligen LF der zwei Jahrgänge miteinander harmonieren. Deshalb wäre die Raumaufteilung aus Sicht der Verfasserin mit einem Hauptraum pro Klasse und einem gemeinsamen Differenzierungsbereich sinnvoll. Zusätzliche Gruppenräume und ein Simulationsraum würden das Raumkonzept ergänzen. Im weitläufigen Differenzierungsbereich müssen Zonen für verschiedene Lernformen eingerichtet werden, um Konflik-

ten durch Störungen vorzubeugen. Das dargelegte Raumkonzept ist für vier Klassen in der Abbildung 1 schematisch
dargestellt.

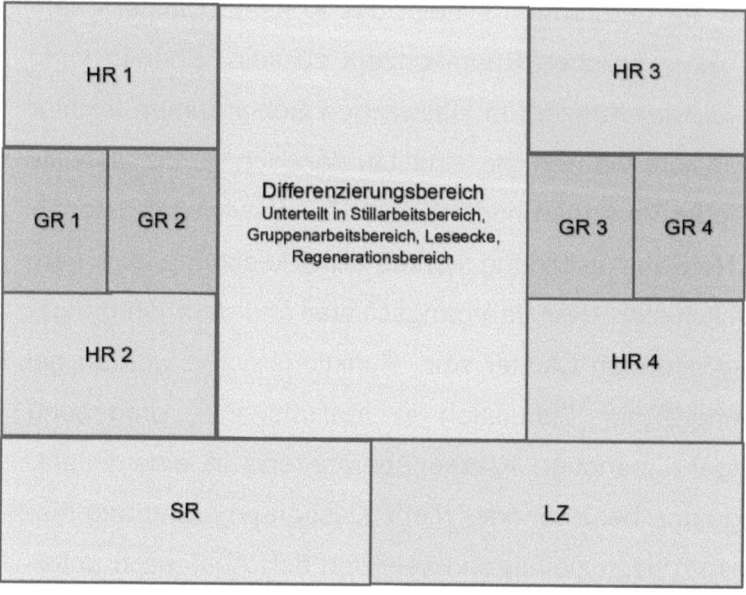

*Abbildung 1: Ein mögliches Raumkonzept für die Umsetzung von SOL
im LF in der NotSan-Ausbildung. Hauptraum (HR), Gruppenraum (GR),
Simulationsraum (SR), Lehrerzimmer (LZ). Quelle: eigene Darstellung*

3 Qualitative Bildanalyse der Klassenräume der Bildungseinrichtung Ravensburg

Zur Klärung der Forschungsfrage wurde die Methode der qualitativen Bildanalyse gewählt. „Bilder prägen, Bilder verändern unsere Realität. Bilder beeinflussen unsere Selbstwahrnehmung, aber auch die Wahrnehmung unserer Umwelt" (Müller & Geise, 2015, S. 13). Da auch der pädagogische Raum ein Teil der Umwelt von Lehrenden und Lernenden darstellt und deren Wahrnehmung beeinflusst, scheint die Methode passend zu sein, um die räumlichen Strukturen einer Schule hinsichtlich der Nutzung für das SOL-Konzept im Rahmen der Lernfelddidaktik zu analysieren. Durch die Bildanalyse erfolgt die Wahrnehmung und Deutung des Raumes nur aus einer Perspektive, die der Verfasserin. Die fehlenden Perspektive der Lernenden wie auch der anderen Lehrkräfte wird hier aufgrund der Zeit und dem zu großen Umfang für diese Arbeit bewusst in Kauf genommen. Diese sollten aber hinsichtlich der Entwicklung und Umsetzung einer neuen Raumgestaltung in einer weiteren wissenschaftlichen Arbeit beleuchtet werden, da die Nutzer*innen des Raumes mit in die Planung und Gestaltung eingebunden werden sollten (vgl. Nitsche et al., 2013, S. 24). Das deduktive Vorgehen ergibt sich aus der bereits vorhandenen Literatur. Allgemeine Werke zu den Themen SOL und Lernraum gibt es bereits viele. In der genutzten Literatur bezüglich SOL fand der Lernraum jedoch keine bis wenig Zuwendung. Die spezielle Beleuchtung unter dem Deckmantel der NotSan-Ausbildung und Erarbeitung von Ideen zur Umgestaltung der Lernräume der Bildungseinrichtung Ravensburg der DRK Landesschule BW ist die Zielsetzung der Bildanalyse.

Die meisten Verfahren der Bildanalyse bzw. visuellen Kommunikationsforschung stammen aus der Kunstgeschichte oder der Werbung. Für die geplante Analyse wird ein Vorgehen benötigt, welches objektiv ist und den Bezug zu Texten und anderen Quellen bezüglich SOL und Lernraum zulässt. Das Verfahren der Ikonografie und Ikonologie von Erwin Panofsky bietet diese Möglichkeit. Bei diesem Vorgehen geht es nicht um ästhetische oder künstlerische Qualitäten eines Bildes, sondern welche Bedeutung und Aussage dahintersteckt (vgl. Müller & Geise, 2015, S. 186). Die Auswahl der Räume und Aufnahme der Bilder, sowie das Vorgehen der Bildanalyse werden in den nachfolgenden Kapitel 3.1 und 3.2 beleuchtet. Die detaillierten Ergebnisse der Bildanalyse können aufgrund des Umfangs im Band nicht aufgeführt werden, sind jedoch über die Verfasserin verfügbar. Für die Veranschaulichung des Vorgehens befindet sich im Anhang die Bildanalyse des Klassenraum 1 (siehe Anhang B). Die Ergebnisse der Schritte zwei und

drei werden zusammengefasst in Kombination mit dem
Vorgehen und dem Quellenbezug in den Kapiteln 3.4 und
3.5 dargelegt.

3.1 Raum- und Bildauswahl

Vor der Bilderstellung steht die Auswahl der Räume, die
analysiert werden sollen. Aus der Literaturarbeit ergibt
sich, dass es nicht ausreicht, den Klassenraum isoliert zu
betrachten. Wie in Kapitel 2.2 aufgezeigt wurde, spielt sich
bei Lernfeldunterricht und SOL das Lernen nicht mehr nur
an Tischreihen in einem Klassenzimmer ab. Die vielen verschiedenen Lern- und Sozialformen sprengen die Grenzen
des Klassenraums. Daher bedarf es der Nutzung aller zur
Verfügung stehenden Räumlichkeiten. Hinzu kommt, dass
im Schnitt 40% der Fläche von Schulgebäuden Durchgangsräume und Lagerräume sind (vgl. Watschinger &
Weyland, 2017, S. 126). Diese ungenutzte Fläche kann als
zusätzlicher Lernraum genutzt werden und somit die räumliche Vielfalt erhöhen. Deshalb werden neben den sechs
Klassenräumen auch die vier Zusatzräume und die drei
Durchgangsräume analysiert (siehe Anhang A). Einzig der
alte Eingangsbereich, der die Verbindung zwischen Toilet-
ten, den Klassenräumen 1 bis 4 und dem Durchgangsraum 2 darstellt, wird aus der Analyse ausgeschlossen.
Grund hierfür ist, dass die aktuelle Raumaufteilung keine

weitere Nutzung zulässt. Die Räumlichkeiten der Lehr-kräfte, sowie der Verwaltung, werden aus dieser Arbeit ebenfalls ausgeschlossen. Ihre grundlegende Nutzung entspricht nicht der Nutzung eines Lernraumes für SOL. Somit haben sie für diese Arbeit keine Relevanz, sollten aber in einer separaten Arbeit hinsichtlich ihrer Qualität als Rückzugs- und Arbeitsräume für Lehr- und Verwaltungs-kräfte beleuchtet werden.

Grundlage der Bildanalyse sind die eigentlichen Bilder (siehe Anhang A). Um die Validität der Methode zu stärken, wurden alle Räume aus derselben Perspektive fotografiert. Somit entfallen bei der Beschreibung Aspekte wie Beleuch-tung, Format und Technik der Fotografie. Diese haben für die Beantwortung der Fragestellung keine Relevanz. Von jedem Raum fließen zwei Bilder in die Analyse mit ein, um ein möglichst vollständiges Bild von der Charakteristik der einzelnen Räume zu erhalten. Beide Bilder wurden von der Mitte der kurzen Seite der Räume aufgenommen. Ausnah-men stellen hier nur die unsymmetrischen Durchgangs-räume dar. Hier wurde beim Blickwinkel auf die bestmögli-che Erfassung des gesamten Raumes geachtet. Der zweite Blickwinkel ist bei allen Räumen direkt gegenüber des ersten, damit die Vergleichbarkeit der zwei Blickwinkel der unsymmetrischen Räume zu den symmetrischen Räu-men bestmöglich gegeben bleibt. Die Bilder wurden mittels einer CanonEOS 450D Spiegelreflexkamera mit einem Canon EF-S 18-55mm F/3.5-5.6 Is II Objektiv ohne Blitz aufgenommen. Ebenso diente die Verwendung eines Stativs der Stabilisierung der Bilder. Mittels Wasserwage (welche in dem Stativ verbaut ist) und einer fest eingestellten Kamerahöhe von 1,2 m, wurden alle Bilder aus derselben Perspektive aufgenommen. Auf allen Bildern ist die künstliche Beleuchtung an und die Jalousien oder Vorhänge sind geöffnet. Identische Bedingungen beim natürlichen Licht wurden durch die Aufnahme der Bilder am selben Tag innerhalb einer Zeitstunde erreicht. In den Durchgangsräumen wird die künstliche Beleuchtung über einen Bewegungssensor gesteuert. Diese Bewegungsmelder schalten die künstliche Beleuchtung nur bei unzureichendem natürlichem Licht ein. Deshalb konnte die künstliche Beleuchtung in den Durchgangsräumen 1 und 3 nicht manuell eingeschaltet werden.

3.2 Struktur der Bildanalyse

Wie bereits erwähnt wird für die Bildanalyse das Vorgehen der Ikonografie und Ikonologie von Erwin Panofsky benutzt. Beide Begriffe stammen aus dem griechischen und beinhalten den Wortstamm *eikon*, der *das Bild* bedeutet (vgl. Müller & Geise, 2015, S. 184). Die Ikonografie „(von griechisch [...] >>graphein<< = >>schreiben<<)" (Müller &

Geise, 2015, S. 184) dient der Darstellung der objektiv sichtbaren Dinge ohne jegliche Interpretation. Somit handelt es sich um ein deskriptives Vorgehen. Die Ikonologie „(von griechisch [...] >>lógos<< = >>Sinn, Vernunft<<)" (Müller & Geise, 2015, S. 184) setzt das Bild in einen Sinnzusammenhang und stellt den interpretativen Schritt des Vorgehens dar. Panofsky hat seine Bildanalyse in drei Schritte gegliedert:

- vor-ikonografische Beschreibung: eine möglichst interpretationsfreie Bildbeschreibung

- ikonografische Analyse: Herstellung eines Zusammenhangs zwischen Bild und weiteren Quellen

- ikonologische Interpretation: Deutung des Bildes in einem gesellschaftlichen Kontext

Für die Anwendung im pädagogischen Kontext wird das Vorgehen an die ermittelten Elemente einer lernförderlichen Umgebung (siehe Kapitel 2.1), wie auch die elementaren Anforderungen von SOL im LF an die Lernumgebung (siehe Kapitel 2.3.) angepasst.

- vor-ikonografische Beschreibung: Beschreibung vorgegebener Raumelemente, die aufgrund der Literaturarbeit als relevant für die Beantwortung der Forschungsfrage angesehen werden (siehe Kapitel 3.3).

- ikonografische Analyse: Analyse aller beschriebenen Elemente in Verbindung mit der Literatur und eigenen Erhebungen (siehe Kapitel 3.4).

- ikonologische Interpretation:

  - Interpretation des Raumes hinsichtlich der Hauptfunktionen eines flexiblen Lernraumes (siehe Kapitel 3.5.1)

  - Interpretation der Gesamtheit der Räume hinsichtlich der ermittelten Lern- und Sozialformen in der NotSan-Ausbildung (siehe Kapitel 3.5.2)

Bezüglich der Objektivität der Methode müssen die Schritte getrennt voneinander betrachtet werden. Durch klar definierte Analyseschritte ist die Objektivität bei der vor-ikonografischen Beschreibung hoch. Auch die ikonografische Analyse ist sehr objektiv, da einzelne Elemente isoliert voneinander mittels Literatur und messbaren Eigenerhebungen analysiert werden. Hingegen spielt bei der ikonologischen Interpretation die persönliche Wahrnehmung der Verfasserin eine nicht zu unterschätzende Rolle. Reduziert wird dies durch die zwei vorgeschalteten Analyseschritte und die Verbindung zu klar definierten Interpretationskriterien. Die Reliabilität ist als hoch einzustufen, da die Bilder, wie auch das Vorgehen unverändert bleiben. Es handelt sich um eine statische Situation. Die Validität bezüglich der

gestellten Forschungsfrage ist ebenfalls als hoch anzusehen, da eine Möglichkeit der Optimierung der Klassenräume für SOL gesucht wird. Lösungsansätze und Ideen
können mit der Methode der Bildanalyse erarbeitet werden.
Ob und wie dies in der Umsetzung aussieht, muss durch
weitere wissenschaftliche Arbeiten in Zusammenarbeit mit
Fachkräften der einzelnen Gebiete (Akustik, Licht, Farbgestaltung, Mobiliar, ...) erfolgen. Nach der Umsetzung muss
zwingend die Wirkung und Funktionalität der neuen Umgebung mit allen Nutzer*innen reflektiert und bei Bedarf weiter optimiert werden.

Die gesamte Bildanalyse wird am PC durchgeführt mit der
App *Microsoft Fotos*. Zur genaueren Beschreibung und
Analyse der Bilder wird die Zoomfunktion der App benutzt.
Für die Bildanalyse wird der Begriff der Betrachtungsebene
verwendet. Die Betrachtungsebene entspricht hierbei der
Bildoberfläche. Um den Blickwinkel noch differenzierter be-
schreiben zu können, wurden zwei Bildperspektiven für die
Beschreibung wie folgt definiert:

- Perspektive 1: Bei dieser Perspektive ist die Leinwand hinter der Betrachtungsebene. Bei Räumen,
  die keine Leinwand besitzen, handelt es sich um
  die Perspektive mit der Eingangstür hinter oder neben der Betrachtungsebene.

- Perspektive 2: Bei dieser Perspektive blickt der*die Betrachter*in direkt auf die Leinwand. Bei Räumen, die keine Leinwand besitzen, schaut der*die Betrachter*in Richtung Eingangstür.

3.3 Vorgehen der vor-ikonografischen Beschreibung

Im ersten Schritt werden die sichtbaren Elemente ohne Interpretation beschrieben. Nach Panofsky können nicht nur Tatsachen beschrieben werden, sondern auch der Ausdruck bzw. die Wirkung eines Bildes (vgl. Müller & Geise, 2015, S. 187). Um die Reliabilität und Validität der Bildanalyse zu verbessern, wird auf die ausdruckshafte Beschreibung hier verzichtet. Bei der Beschreibung wird zeitgenössisches Wissen über Mobiliar und typische Ausstattungsgegenstände einer Schule wie auch spezielle Lehrmittel und Trainingsequipment einer Rettungsdienstschule vorausgesetzt. Die Beschreibung der Elemente folgt den drei Dimensionen des didaktischen Raumes (siehe Kapitel 2.1). Nachfolgende Elemente sind durch die Literaturarbeit als relevant für die Fragestellung eingestuft worden und fließen aus den aufgeführten Gründen in die Beschreibung mit ein:

Äußere Struktur:

- Die Raumform dient der Analyse der Nutzbarkeit des Raumes. Hierbei müssen die Anzahl der Personen, die den Raum nutzen, und die verschiedenen Lernformen berücksichtigt werden.

- Fenster ermöglichen den Einfall von natürlichem Licht. Dieses trägt besonders zum Wohlbefinden in einem Raum bei und ist ein Teil der Arbeitsplatzbeleuchtung.

- Die Türen sind hinsichtlich der Zugänglichkeit der Räume wichtig, da ein Grundprinzip von SOL die Eigenständigkeit ist (vgl. Herold & Herold, 2011, S. 95).

Fest verbaute Innenstruktur:

- Zusätzlich zum natürlichen Licht sollten die Räume künstliches Licht besitzen, um bei geringem natürlichem Licht dieses auszugleichen.

  „Eine gute und passende Beleuchtung ist in allen Lebens- und Arbeitsbereichen eine wichtige Bedingung, um gut zu sehen und sich wohlzufühlen, konzentriert und ermüdungsfrei zu arbeiten sowie unsere Umwelt und wichtige Informationen richtig zu sehen und zu verstehen.“ (Fördergemeinschaft Gutes Licht, 16.06.2017, S. 4).

Auch die Steuerung des Lichts spielt hierbei eine wichtige Rolle, weshalb Lichtschalter in die Bildanalyse mit einbezogen werden.

- Fest verbaute Präsentationsmedien bestimmen die Ausrichtung des Raumes stark mit und sind häufig in frontal ausgerichteten Klassenräumen zu finden (vgl. Schönig & Schmidtlein-Mauderer, 2013, S. 125).

- Die Steckdosen sind im digitalen Zeitalter auch für SOL ein wichtiger Bestandteil. Bei der zunehmenden Arbeit mit digitalen Geräten benötigt ein Arbeitsplatz Zugang zu Strom.

- Der Einfall von natürlichem Licht trägt auf der einen Seite zum Wohlbefinden bei, kann aber auch zu störenden Blendungen führen. Deshalb sind Verdunkelungselemente besonders bei einer flexiblen Raumnutzung wichtig (vgl. Fördergemeinschaft Gutes Licht, 16.06.2017, S. 11).

- Farbe und Material von Böden, Wänden und Decken stehen in Zusammenhang mit dem Wohlbefinden in einem Raum. Auch Lernmotivation und -bereitschaft hängen stark von einer positiv wirkenden Farbgestaltung der Räume ab (vgl. Holfeld, 2013, S. 59).

Bewegliche Elemente:

- Das gesamte Mobiliar ist ausschlaggebend für die individuelle Gestaltung und Nutzung eines Raumes. Tische, Stühle und Stauraum müssen in ausreichender Menge vorhanden sein und sich dem Unterrichtsgeschehen flexibel anpassen können. Ebenso ermöglichen sie die Schaffung von personalisierten Lernräumen.

- Bewegliche Präsentationsmedien gibt es in vielen Varianten. Sie sind elementar, um flexibles Lernen zu unterstützen.

- Sonstige bewegliche Elemente wie Uhren, Bilder und Pflanzen können Wärme und Geborgenheit in einen Raum bringen und ihn heimischer wirken lassen. Hierbei muss auf ein stimmiges und nicht zu überladenes Gesamtbild geachtet werden (vgl. Schönig & Schmidtlein-Mauderer, 2013, S. 76). Dies ist eine Grundvoraussetzung für gute Lernleistungen.

Um den Rahmen der Arbeit nicht zu sprengen und den Fokus auf die Forschungsfrage zu behalten, werden folgende Aspekte bewusst aus der Beschreibung und auch der Analyse sowie Interpretation herausgelassen:

- Die Bilder wurden zur Zeit der COVID-19-Pandemie aufgenommen. Desinfektionsspender, Ventilatoren, Raumlüftungsgeräte, Bodenaufkleber und

Pappaufsteller für die Hygieneregeln sind auf den Bildern zu sehen, fließen aber nicht in die Bildinterpretation ein, da sie keine festen Bestandteile der schulischen Ausstattung sind.

- Sicherheitsrelevante Ausstattungselemente wie Notausgangschilder, Fluchtpläne, Rauchmelder und Feuerlöscher müssen aufgrund gesetzlicher Vorgaben in einer Schule vorhanden sein und können somit nicht verändert werden.

- Heizungen und Klimageräte werden nicht berücksichtigt, da beheizbare Räume als gegeben vorausgesetzt werden.

- Bauliche Strukturen, wie z.B. weiße Verschlussdeckel an den Wänden, die keine farblichen oder strukturellen Veränderungen des Raumes bewirken, werden aus der Bildinterpretation ausgeschlossen.

- Das Müllmanagement ist für eine Schule wichtig, fällt für die Fragestellung allerdings nicht ins Gewicht und wird daher aus der Bildanalyse ausgeschlossen.

- Besonders im digitalen Zeitalter ist ein guter und flächendeckender Internetzugriff grundlegend wichtig und wird daher als gegeben angenommen. WLAN Access Points entfallen somit aus der Bildanalyse.

Die Ergebnisse der vor-ikonografischen Beschreibung sind für das direkte Verständnis der Arbeit nicht relevant. Deshalb und aufgrund ihres großen Umfanges sind die 13 vor-ikonografischen Beschreibungen nicht in diesem Buch enthalten, können aber bei Verfasserin eingesehen werden. Im Anhang B.1 ist zur Veranschaulichung des ersten Schrittes die vor-ikonografische Beschreibung des Klassenraum 1 zu finden.

3.4 Ikonografische Analyse – Vorgehen und Ergebnisübersicht

Für die Analyse wird jedes Element aus dem ersten Schritt in Zusammenhang mit weiteren Quellen analysiert. Hierfür wird das Wissen aus der Literaturarbeit und den Bauplänen (siehe Anhang C) der Räumlichkeiten genutzt. Ebenso fließen eigene Erhebungen der Verfasserin durch die Begehung der Räume in die Analyse mit ein. Dies dient der Ermittlung der Wirkung und Nutzbarkeit der einzelnen Elemente im Lernraum. Die Ergebnisse der beiden Bildbeschreibungen je Raum werden hierfür vereint. Bei der Darstellung der Positionen der einzelnen Elemente im Raum wird bei der Analyse immer aus der Perspektive 2 (siehe Kapitel 3.2) gesprochen. Die erarbeiteten Elemente aus Schritt 1 bleiben die gleichen. Nachfolgend werden die

Analysekriterien und deren Datengrundlage dargestellt sowie die zentralen Analyseergebnisse raumübergreifend zusammengefasst. Die gesamte ikonographische Analyse befindet sich aufgrund des großen Umfangs nicht in diesem Buch enthalten, kann aber bei Verfasserin eingesehen werden. Im Anhang B.2 befindet sich zur Veranschaulichung des zweiten Schrittes die ikonografische Analyse des Klassenraum 1.

3.4.1 Analyse der äußeren Form

Raumform

Der Grundriss und die Fläche des Raumes werden dem Bauplan entnommen (siehe Anhang C). Abgeglichen wird die Grundfläche wird mit der *Anlage 8 Schema zur Ermittlung des Flächenbedarfs für berufliche Schulen in Baden-Württemberg* (vgl. Ministerium für Kultus, Jugend und Sport Baden-Württemberg, o.D., o.S.). Die geforderten 66 m² für Klassenräume erreichen alle Klassenräume außer Klassenraum 3 (vgl. Ministerium für Kultus, Jugend und Sport Baden-Württemberg, o.D., o.S.). Die Zusatzräume 1 und 2 sind ausreichend groß für Schülerarbeitsräume, wohingegen die Zusatzräume 3 und 4 zu klein sind (vgl. Ministerium für Kultus, Jugend und Sport Baden-Württemberg, o.D., o.S.). Für die Durchgangsräume gibt es keine vorgegebene Größe. Da die Klassenräume alle für 25 Lernende plus eine Lehrkraft geplant sind, erfolgt rechnerisch der Abgleich mit der optimalen Fläche pro Person von 3,4 m^2 (siehe Kapitel 2.1.1). Hier erreichen nur die Klassenräume fünf und sechs gute Werte. Die Klassenräume 1, 2 und 4 liegen um die 2,8 m^2 pro Person. Deutlich unter der optimalen Fläche liegt der Klassenraum 3. Bei den Zusatzräumen besteht keine festgelegte Anzahl an Nutzer*innen. Deshalb wird bei diesen Räumen die entsprechende Anzahl rechnerisch mit 3,4 m^2 pro Person ermittelt. Somit sollten die Zusatzräume 1 und 2 von maximal neun Personen, die Zusatzräume 3 und 4 von maximal fünf Personen genutzt werden. Die Durchgangsräume liegen bei der zeitgleichen Nutzung zwischen elf und 22 Personen.

Fenster

Mittels der App *Kompass* von Apple wird die Ausrichtung der Fenster bezüglich der Himmelsrichtung ermittelt. Dadurch kann die Notwendigkeit von Verdunklungselementen bewerten werden (vgl. Deutsche Gesetzliche Unfallversicherung e.V., 2014, S. 14). Die Räumlichkeiten sind in alle Himmelsrichtungen ausgerichtet, wodurch sich keine raumübergreifende Aussage zum Sonnenlicht treffen lässt. Ebenso wird in diesem Schritt ermittelt, von wie vielen Seiten Tageslicht in den Raum fällt und ob dabei starke Kontraste entstehen, die einen negativen Einfluss auf die

Konzentration haben könnten (vgl. Holfeld, 2013, S. 66).
Die Klassenräume 1, 5 und 6 weisen als einzige Räume
zwei Fensterfronten auf. Die restlichen Räume erhalten nur
von einer Seite natürliches Licht. Bezüglich Blendungen
durch natürliches Licht sind je nach Tageszeit alle Räume
außer Klassenraum 6 und die Zusatzräume 1, 3 und 4 be-
troffen.

Türen
Mittels eigener Erhebungen wird die Zugänglichkeit der
einzelnen Räume erhoben. Die Schulgebäude an sich sind
von 08:00 - 17:00 Uhr durch die Lernenden frei betretbar
(eigene Erhebung). Die Lernenden können alle Räume
selbständig betreten. Ausnahmen stellen hierbei der
Durchgangsraum 3 und die Klassenräume 5 und 6 dar,
welche nur durch Lehrende aufgeschlossen werden können.

3.4.2 Analyse der festen Innenstruktur

Künstliches Licht und Lichtschalter
Durch eigene Erhebungen wird die Gesamtzahl der vor-
handenen Leuchten erhoben, sowie deren Position im
Raum ermittelt, um eine Aussage über die Ausleuchtung
des Raumes treffen zu können. Ebenso wird durch eigene
Erhebungen ermittelt, wie die einzelnen Lichter gesteuert

werden und ob eine Dimmfunktion bzw. Tagesautomatik vorhanden ist. In den Klassenräumen 1, 2, 5 und 6 ist die Deckenbeleuchtung in zwei Zonen aufgeteilt, welche über jeweils einen Lichtschalter separat gesteuert werden können. Im Zusatzraum 2 hat jede Deckenlampe einen eigenen Lichtschalter. Die Deckenbeleuchtung der restlichen Klassen- und Zusatzräume wird jeweils über einen Lichtschalter gesteuert. In den Durchgangsräumen erfolgt die Lichtsteuerung über Bewegungsmelder, welche an das natürliche Licht adaptiert die Deckenbeleuchtung steuern. Eine Dimmfunktion ist in keinem Raum vorhanden. Die empfohlene Kombination aus direktem und indirektem Licht fließt ebenfalls in die Analyse mit ein (vgl. Deutsche Gesetzliche Unfallversicherung e.V., 2014, S. 15). In den Räumen sind ausschließlich direkte Deckenlichter verbaut. Im Bereich der Präsentationsmedien erfolgt mittels eigener Erhebungen die Analyse einer Wandbeleuchtung und deren individuelle Steuerung, welche in den analysierten Räumen nicht vorhanden ist. Bei der gesamten Analyse wird darauf geachtet, ob die Lampen so ausgerichtet sind, dass eine direkte Blendung der Nutzer*innen möglich ist. Dies wurde in keinem Raum festgestellt.

Fest verbaute Präsentationsmedien

Mittels eigener Erhebung wird die genaue Position der festen Präsentationsmedien im Raum ermittelt wie auch deren Nutzung. Ebenso wird der ausreichende Kontrast zur dahinterliegenden Wand beleuchtet (vgl. Holfeld, 2013, S. 60). In allen Klassenräumen ist die Leinwand an einer kurzen Seite des Raumes fest verbaut und der Beamer darauf ausgerichtet. Durch ihren schwarzen Rand heben sich die Leinwände deutlich vom Hintergrund ab. Die Beamer können alle drahtlos angesteuert werden. In den Klassenräumen 1, 2 und 4 verläuft zusätzlich ein HDMI-Kabel durch die Wand zum Beamer.

Steckdosen

Mittels eigener Erhebung wird die Anzahl und Position der Steckdosen im Raum ermittelt. Somit kann analysiert werden, ob für flexible Arbeitspositionen eine ausreichende Anzahl an Steckdosen vorhanden ist (vgl. Schlagbauer & Schachaneder, 2017, S. 4). In allen analysierten Räumen ist sowohl die Anzahl als auch die Position der Steckdosen nicht auf eine flexible Raumnutzung durch 25 Lernende ausgelegt.

Verdunkelungselemente

Durch eigene Erhebungen wird die individuelle Verdunkelung der einzelnen Fenster ermittelt. Diese ist in allen Räumen für jedes Fenster gegeben.

Farbe und Material von Böden, Wänden und Decken

Für die Analyse der Farben werden die ermittelten Wirkungen aus dem Kapitel 2.1.2 genutzt. Ergänzend hierzu findet die Tabelle aus dem Buch *Farbe - Kommunikation im Raum* von Rodeck, Meerwein und Mahnke (2007, S. 30-31) Anwendung. Weiße Rauputzwände dominieren die Räume, denen keine lernbegünstigende Wirkung zugeschrieben wird (vgl. Nitsche et al., 2013, S. 180). In den Klassenräumen 5 und 6 wie auch dem Durchgangsraum 3 sind hellbraune Holzwände verbaut. Dieser Farbton strahlt Gemütlichkeit und Sicherheit aus (vgl. Rodeck et al., 2007, S. 30). Bei den Decken zeigt sich eine ähnliche Mischung aus weißen Rauputz- oder Holzdecken wie auch hellbraunen Holzdecken. Die Böden in Klassenraum 5, 6 und dem Durchgangsraum 3 sind in einem dunklen Schwarz-Grau gehalten, dem eine schwere und harte Wirkung bis hin zur Konfliktförderung zugeschrieben wird (vgl. Rodeck et al., 2007, S. 31; Nitsche et al., 2013, S. 183). In den Klassenräumen 1, 2 und 3 findet sich ein helles Grün als Bodenfarbe, das Kühle und Leichtigkeit ausstrahlt (vgl. Rodeck et al., 2007, S. 31). Im Klassenraum 4 und im Durchgangsraum 2 ist der Boden in einem Rot-Orange gehalten, dem eine lebendige und anregende Wirkung zugeschrieben wird (vgl. Rodeck et al., 2007, S. 30). In den Zusatzräumen findet sich ein Holzboden mit unterschiedlichen Brauntö-

nen der Sicherheit und Gemütlichkeit ausstrahlt (vgl. Rodeck et al., 2007, S. 30). Der hellgraue Fliesenboden im
Durchgangsraum 1 wirkt elegant und distanziert (vgl. Rodeck et al., 2007, S. 31).

3.4.3 Analyse der beweglichen Elemente

Tische

Durch eigene Erhebungen werden die Maße der Tische
und deren individuelle Anpassung an die Nutzer*innen ermittelt. Laut der DGUV sind Einzeltische, die stufenlos höhenverstellbar sind und eine um 16° neigbare Tischplatte
besitzen zu bevorzugen (vgl. Deutsche Gesetzliche Unfallversicherung e.V., 2014, S. 8). Ebenso wird erhoben, ob
die Tische Rollen besitzen und platzsparend weggeräumt
werden können, um eine variable Nutzung im Unterricht
möglich zu machen (vgl. Schönig & Schmidtlein-Mauderer,
2013, S. 127). In den Klassenräumen sind zwei Sorten von
rechteckigen Zweiertischen zu finden. Beide besitzen
keine Rollen, sind nicht höhenverstellbar und haben keine
neigbare Tischplatte. Bei einer Sorte können die Tischbeine eingeklappt werden, was sie stapelbar macht. In den
Zusatzräumen finden sich quadratische Hubtische, die höhenverstellbar und rollbar sind. Die Couchtische in den
Durchgangsräumen sind aus unterschiedlichen Materialien
in unterschiedlichen Größen. Zusätzlich sind Stehtische

vorhanden. Couchtische wir auch Stehtische sind nicht rollbar oder höhenverstellbar. Auch bei den Möbeln werden die Farben analysiert. Bei den Tischen dominieren die Farben Weiß, Hellgrau und Schwarz. Dadurch wirken die Tische still und neutral, aber auch schwer (vgl. Rodeck et al., 2007, S. 31).

Sitzmöbel

Bei den Sitzmöbeln wird vor allem die individuelle Anpassung an die Nutzer*innen analysiert. Laut der DGUV muss der Stuhl drehbar sein wie auch eine dynamische Neigung der Sitz- und Rückenfläche ermöglichen, um verschiedene Sitzpositionen zu erlauben (vgl. Deutsche Gesetzliche Unfallversicherung e.V., 2014, S. 8). Die zwei Stuhlarten in den Klassenräumen erfüllen die geforderten Kriterien nicht. Bei der Farbanalyse ergab sich eine Dominanz der Farben Grau, Schwarz und Hellbraun, wodurch eine natürliche, kühle und zugleich harte Wirkung entsteht (vgl. Rodeck et al., 2007, S. 30-31). In den Durchgangsräumen sind zusätzliche Sessel und Sofas unterschiedlicher Größen, Materialien und Farben anzutreffen. Dadurch werden unterschiedliche optische Reize für den*die Betrachter*in gesetzt und das einheitliche Farbkonzept der Unbuntfarben aufgebrochen.

Stauraum

Mittels eigener Erhebung wird der vorhandene Stauraum im Verhältnis zur Anzahl der Nutzer*innen analysiert und dessen Aufteilung und flexible Nutzung erhoben. Personalisierter Stauraum in rollbaren Regalen wird als optimal angesehen (vgl. Deutsche Gesetzliche Unfallversicherung e.V., 2014, S. 9). Der vorhandene Stauraum ist unzureichend und nicht personalisiert oder rollbar. In den Zusatzräumen ist kein Stauraum vorhanden. Da der Stauraum weiß und grau ist, wirkt er neutral und kühl (vgl. Rodeck et al., 2007, S. 31).

Bewegliche Präsentationsmedien

Durch eigene Erhebungen werden die beweglichen Präsentationsmedien hinsichtlich ihrer Nutzbarkeit und Mobilität analysiert. Hier zeigt sich, dass die Flipcharts und Stellwände rollbar sind. Die Flipcharts sind höhenverstellbar und auf der Schreibfläche kann Papier an zwei Haken aufgehängt werden. In Hoch- und Querformat sind Stellwände vorhanden, die auf eine feste Höhe eingestellt sind. Die Stellwände können von zwei Seiten benutzt werden. Ebenso wird analysiert, ob die beweglichen Präsentationsmedien als Raumteiler zusätzlich geeignet sind. Hierfür sind die Flipcharts ungeeignet und die Stellwände durch den Freiraum unter der Pinnfläche nur bedingt geeignet.

Sonstige flexible Elemente

Die Nutzbarkeit und Wirkung weiterer Elemente wird hier analysiert. Hierbei steht die Aufwertung der Lernumgebung im Vordergrund. In den Durchgangsräumen sind Pflanzen zu finden, denen eine entspannende und stressreduzierende Wirkung zugeschrieben wird (vgl. Frenzel & Schraml, o.D., S. 7). Teppiche, die in den Durchgangsräumen 1 und 2 vorhanden sind, wirken durch ihre graue und schwarze Farbe hart und kühl (vgl. Rodeck et al., 2007, S. 31).

3.5 Ikonologische Interpretation – Vorgehen und Ergebnisübersicht

Die ikonologische Interpretation erfolgt in zwei Schritten. Im ersten Schritt wird jeder Raum bezüglich der Kriterien für eine positive Lernumgebung aus Kapitel 2.1 beleuchtet. In besonderem Maße Einfluss auf diese Kriterien haben das Tageslicht, die Zugänglichkeit und die farbliche und materielle Gestaltung des Raumes. Des Weiteren wird der Bezug zu den Hauptfunktionen, die ein flexibler und kommunikationsfördernder Lernraum erfüllen muss, hergestellt (siehe Kapitel 2.3). Hierbei wird jeder Lernraum (siehe Abbildung 2) isoliert für sich betrachtet, um ein Bild über die Funktion der Klassenzimmerstruktur als Lernumgebung

hinsichtlich des flexiblen Lernens zu erhalten. Dies entspricht der aktuellen Nutzung der Räume an dieser Schule.

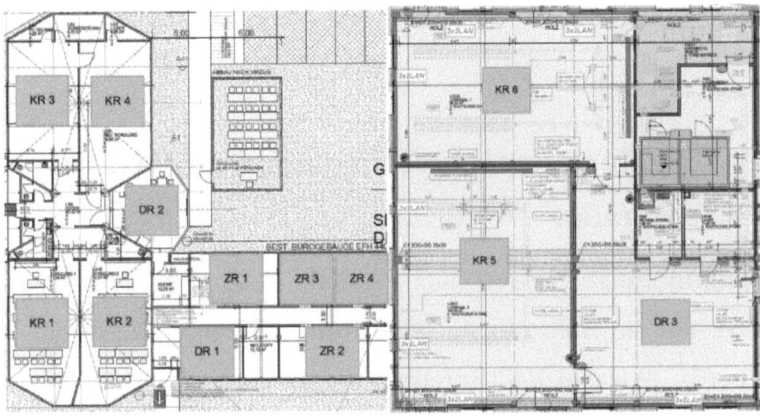

Abbildung 2: Veranschaulichung der Raumbezeichnungen aus der Bildanalyse in Gebäude 1 und 2. KR = Klassenraum, DR = Durchgangs- raum, ZR = Zusatzraum. Quelle: In Anlehnung an Hendl, 11.03.2020, o.S.

Mittels der Zahlen in Klammer soll für den Leser der Bezug zu den acht Punkten des flexiblen Lernraumes aus dem Kapitel 2.3 eindeutig dargestellt werden. Um den Blick über den Tellerrand zu öffnen, wird die Gesamtheit der zur Verfügung stehenden Räume im zweiten Schritt berück- sichtig. Die Umsetzung der ermittelten Lern- und Sozialfor- men der NotSan-Ausbildung (siehe Kapitel 2.3) soll hierbei raumübergreifend bewertet werden. Der gesamte erste Schritt der ikonologischen Interpretation ist aufgrund des großen Umfangs nicht abgedruckt, kann aber bei der Ver- fasserin eingesehen werden. Das Kapitel 3.5.1 fasst den ersten Schritt der Interpretation raumübergreifend zusammen. Die Interpretation hinsichtlich der relevanten Lernformen ist in vollem Umfang im Kapitel 3.5.2 dargestellt.

3.5.1 Erfüllung der Hauptfunktionen für flexiblen Lernraum

Zusammenfassend lässt sich sagen, dass die Klassenräume alle die Faktoren für eine frontale Präsentation erfüllen (6). Nur bei der Beleuchtung weisen die Klassenräume 3 und 4 Schwächen auf, da es keine Lichtzonen gibt. In der frontalen Ausrichtung besteht in den Klassenräumen 5 und 6 eine ausreichende Arbeitszone für die Lehrkraft (8). Deutlich kleiner fällt diese in der aktuellen Bestuhlung in den Klassenräumen 1 und 2 aus. Im Klassenraum 4 ist keine konkrete Arbeitszone für die Lehrkraft zu erkennen. Da der Raum von der Größe ähnlich ausfällt wie Klassenraum 1 und 2 sollte die Arbeitszone in diesem Raum bei frontaler Bestuhlung auch eher klein ausfallen. Im Klassenraum 3 ist ein Arbeitsplatz für die Lehrkraft aufgrund der geringen Raumgröße praktisch nicht vorhanden. Das vorhandene Mobiliar ist ebenfalls für frontalen Unterricht ausgelegt. In den Durchgangs- und Zusatzräumen kann bezüglich frontaler Präsentation und Arbeitszone für die Lehrkraft keine Aussage getroffen werden, da die

Räume hierfür nicht ausgelegt sind. Die Klassenräume 4 und 6 sind die einzigen, die in der aktuellen Ausstattung eine angemessene Bewegungsfläche (7) für den Wechsel von Lernformen wie z.B. einen Stuhlkreis (1) oder praktisches Training (2) ohne größere Umgestaltung vorweisen. Auch in den Zusatzräumen ist hierfür bei angepasster Gruppengröße (vgl. Kapitel 3.4.3) ausreichend Platz.

Die jeweiligen Gebrauchsgegenstände und teilweise auch das notwendige Mobiliar müssen hierfür noch vorbereitet werden. Die mobilen Präsentationsmedien lassen sich aufgrund ihrer Rollen schnell zwischen den einzelnen Räumen verschieben. Die vorhandenen Tische und Stühle sind deutlich schwieriger zu transportieren, da sie keine Rollen besitzen. Bei Gruppenarbeiten stellen die Tische ein Hindernis dar. Durch ihre Form entstehen bei Gruppentischen ungleiche Kommunikationsdistanzen, die die Kommunikation in der Gruppe stören können (3) (vgl. Buddensiek, 2009, S. 6). Bei der Besetzung der Tische mit zwei Lernenden ist, je nach Bestuhlung, eine Partnerarbeit möglich, jedoch eine Einzelarbeit aufgrund der geringen Einzelarbeitsplatzbreite erschwert (5) (vgl. Buddensiek, 2009, S. 3). Die Klassenräume wie auch die Zusatzräume bieten die Möglichkeit Gruppen-, Partner- und Einzelarbeiten unter Berücksichtigung der entsprechenden Personenzahl und der Organisation des notwendigen Arbeitsmaterials umzu-setzen (3, 5). Die Durchgangsräume eignen sich hierfür nur bei Arbeiten, die durch Publikumsverkehr nicht gestört werden wie z.B. Gruppendiskussionen. Stauraum ist in den Klassenräumen in unterschiedlicher Ausprägung vorhanden. Ausreichend und rollbar ist er allerdings nicht (4). In den Durchgangsräumen wird der vorhandene Stauraum für die Lagerung von Küchenutensilien wie Kaffee und Zucker genutzt (4). Überhaupt kein Stauraum ist in den Zusatzräumen vorhanden (4). Dies erschwert das Wegräumen und den Transport von Arbeitsmaterialien bei der flexiblen Raumnutzung.

3.5.2 Umsetzung relevanter Lernformen der Notfallsanitäterausbildung in der Raumgesamtheit

Bei der Betrachtung der gesamten Räumlichkeiten kann eindeutig gesagt werden, dass Plenumsphasen in allen sechs Klassenräumen abgebildet werden können. Feste wie auch flexible Präsentationsmedien sind in der Summe in ausreichender Zahl vorhanden. Das Mobiliar in den Klassenräumen 1, 2, 5 und 6 ist für eine frontale Präsentation ausgelegt. Klassenraum 3 und 4 weisen vom Mobiliar und von der individuellen Steuerung der Beleuchtung im Präsentationsraum Schwächen auf. Die Zusatzräume und

Durchgangsräume sind für Plenumsphasen mit der gesamten Klasse nicht geeignet, da sie zu klein sind und keine Präsentationsfläche bieten. Schwächen weisen alle Klassenräume bei der individuellen Ausrichtung der Plenumsphasen auf. Die Ausleuchtung der Präsentationsmedien an unterschiedlichen Positionen im Raum ist hierfür unzureichend. Auch das unbewegliche Mobiliar stellt hierbei einen Nachteil dar.

Die Klassenräume ermöglichen in Kombination mit den vier Zusatzräumen die Umsetzung von kooperativen Lernformen. Für sechs Klassenräume ist die Anzahl der Zusatzräume allerdings nicht ausreichend. Die Durchgangsräume können hier ergänzend genutzt werden. Durch Publikumsverkehr ist konzentriertes Arbeiten jedoch deutlich erschwert. Bei der Umsetzung von kooperativen Lernformen mit mehreren Gruppen in einem Klassenraum ist eine optische und akustische Raumtrennung wichtig. Die vorhandenen Stellwände sind dafür nur bedingt nutzbar (siehe Kapitel 3.4.3). Hinzu kommt, dass bei dem aktuellen Mobiliar und der Raumgröße der Klassenräume 1 bis 4 die Distanz zwischen den Gruppenmitgliedern teilweise größer ist als zwischen den einzelnen Gruppen. Dies erhöht die Wahrscheinlichkeit für Störungen zwischen den Gruppen enorm. In allen Zusatzräumen fehlt ausreichendes und vor allem flexibles Mobiliar. Die vorhandenen Zweiertische sind im

Transport unhandlich und beanspruchen unnötig viel Platz. Besonders bei Gruppenarbeiten begünstigen sie Dysbalancen in der sozialen Struktur der Gruppe (vgl. Buddensiek, 2009, S. 6ff.).

Gutes Mobiliar für kooperative Lernformen stellen die vier vorhandenen Hubtische auf Rollen dar. Sie sind leicht zu verschieben und können von der Arbeitshöhe individuell an die Nutzer*innen angepasst werden (vgl. Deutsche Gesetzliche Unfallversicherung e.V., 2014, S. 8). Arbeitsmaterialien sind in den Räumen ebenfalls nicht oder nur in geringem Maß vorhanden. Die beweglichen Präsentationsmedien können dank ihrer Rollen leicht zwischen den verschiedenen Räumen hin- und hergeschoben werden. Allerdings fehlt eine mobile, blendfreie Ausleuchtung der Präsentationsmedien. Sonstige Arbeitsmaterialien wie Flipchartpapier und Moderationskarten stehen in dem angrenzenden Kopierraum bei den Zusatzräumen nach Rücksprache mit einer Lehrkraft zur Verfügung. Die Zusatzräume wie auch der Klassenraum 2 haben somit guten Zugriff auf die Arbeitsmaterialien. Hingegen müssen die Nutzer*innen der anderen Räumlichkeiten weite Wege auf sich nehmen, um an ihr Arbeitsmaterial zu gelangen. Im gesamten Gebäude haben die Lernenden Zugriff auf das Internet. Die vorhandene Schulbibliothek ist hingegen nur mit einer Lehrkraft für die Lernenden zugänglich. Ebenfalls haben die Lernenden keinen Überblick über die Inhalte der Schulbibliothek, da diese im Verwaltungsbereich untergebracht ist. Der mangelnde freie Zugang zu Lernmaterialien und Literatur schränkt das selbständige Lernen und die Kreativität in kooperativen Lernformen stark ein. Ebenso sind die gering ausgestatteten Räume mit einem hohen Vorbereitungsaufwand für die Lehrkraft verbunden.

Beim individuellen Lernen müssen sämtliche Lernformen für jeden Lernenden möglich gemacht werden. Einzel- und Partnerarbeit, aber auch kommunikative Gruppenarbeit und praktisches Training sind hier typische Lernformen in der NotSan-Ausbildung (siehe Kapitel 2.2). Bei unterschiedlichen Lernformen kommt es schnell zu Störungen untereinander. Für diskussionsfreudige Lernformen können die Durchgangsräume gut genutzt werden. Stillarbeiten lassen sich gut in den Klassenräumen und/oder den Zusatzräumen umsetzen. Für Einzelarbeiten sind die Partnertische ungeeignet, da die zwei Schüler*innen immer voneinander abhängig sind. Der mangelnde freie Zugang zu Lernmaterialien und Literatur ist für das individuelle Lernen hinderlich. Bei der aktuellen Raumstruktur können die individuellen Lernformen größtenteils nur im Kollektiv umgesetzt werden. Dies widerspricht den Grundannahmen des SOL (siehe Kapitel 2.2).

Für ein Skilltraining ist der Klassenraum 3 optimal, da er direkten Zugang zu den Lagerräumen hat. Für eine Klassenstärke von 25 Lernenden ist er allerdings viel zu klein und sollte daher nur von kleineren Gruppen genutzt werden. Mit der Berücksichtigung der möglicherweise langen Transportwege ist jeder Klassenraum und die Zusatzräume für ein Skilltraining nutzbar. Je nach Raumgröße muss die Gruppengröße, aber auch der zu trainierende Skill, angepasst werden. Größtes Problem stellt in allen Räumen das unflexible Mobiliar dar, welches nur mit großem Aufwand dem Unterrichtsgeschehen angepasst werden kann. Die Tische mit dem grauen Rand bleiben immer gleich groß und dadurch sperrig. Die Stühle und die Tische mit dem schwarzen Rand können zwar gestapelt werden, jedoch fehlt den Lernenden beim Wegräumen der Tische Stauraum für ihre nicht benötigten Lernmaterialien, wodurch der Umbau zusätzlich erschwert wird.

Für komplexe Handlungssituationen in realistischer Umgebung sind einige Utensilien bereits vorhanden. Ein Pflegebett wie auch Couchmöbel können für die Simulation genutzt werden. Da es keinen festgelegten Simulationsraum gibt, müssen die großen Gegenstände jedes Mal umgeräumt werden. Dies ist nicht nur zeitaufwendig, sondern kann in Kombination mit dem restlichen unflexiblen Mobiliar platztechnisch zu einer echten Herausforderung werden. Eine realitätsnahe Umgebung kann in vielen Abstufungen aufgebaut werden. Im Klassenraum kann hierbei nur ein geringer Realitätsgrad erreicht werden, da das Publikum sich mit im Raum befindet. Um einen höheren Realitätsgrad zu erreichen, werden mindestens zwei, je nach Technik sogar drei Räume benötigt. Auf der einen Seite der Debriefingraum, in dem sich das Publikum während des Szenarios befindet und die Vor- wie auch Nachbesprechung stattfindet. Zusätzlich werden ein Simulationsraum, in dem die Umgebung möglichst realistisch dargestellt ist, und bei Bedarf ein Technikraum für die Steuerung des Szenarios benötigt. Von der Größe würde sich jeder Raum als Simulationsraum eignen, da die Räumlichkeiten in der Präklinik auch unterschiedliche Größen aufweisen. Für die Darstellung unterschiedlichster Umgebungen wie z.B. Küche, Wohnzimmer etc. fehlt es an Material. Um die zwei Räume miteinander verbinden zu können, bedarf es entsprechender Technik. Diese hält die DRK Landesschule BW in Form von mobilen Systemen vor. Der Aufbau und ein Funktionstest müssen hier allerdings in die zeitliche Planung mit einfließen. Der Technikraum entfällt bei der mobilen Variante.

Für die Regeneration stehen den Lernenden die Durchgangsräume zur Verfügung. Hier stehen Couchmöbel, die Entspannung und gemütliches Sitzen oder Liegen zulassen. Da es sich allerdings um Durchgangsräume handelt ist ein wirkliches Entspannen nicht möglich. Hierfür fehlen Ruhebereiche, die eine Regeneration begünstigen (vgl. Seydel, Meyer, & Schnieder, 09.2013, S. 37). Die Pausen verbringen die Schüler*innen entweder draußen oder in ihrem Klassenzimmer. Allerdings gibt es draußen keinerlei Sitzmöglichkeiten und auch die Bewegungsfläche ist durch die direkt angrenzenden Zufahrtswege und Parkplätze sehr gering.

3.6 Fazit der Bildanalyse

Die Methode der Bildanalyse ist aus Sicht der Verfasserin zielführend, um die Lernumgebung zu analysieren. Durch die einzelnen vordefinierten Schritte entstanden klare nachvollziehbare Rückschlüsse und Interpretationen bezüglich der Nutzbarkeit als Lernumgebung für SOL in der Lernfelddidaktik. Die fehlende Perspektive der Nutzer*innen erachtet die Verfasserin als klaren Nachteil der Methode. Ein Bild vermittelt zwar einen Eindruck, kann aber niemals die Wahrnehmung Vieler ersetzten. Deshalb erachtet die Verfasserin es als zwingend notwendig, dass die

Ergebnisse dieser Bildanalyse durch Wirkungs- und Wahr-nehmungsanalysen z.B. in Form einer Umfrage evaluiert werden. Ebenso schwierig war es, den richtigen Zeitpunkt für das Erstellen des Bildmaterials auszuwählen, da die Räume durch ihre Nutzung häufig umgestaltet werden. Je nach aktueller Nutzung ist die Wirkung des Raumes auf den Bildern eine andere. Durch die klar definierten Analyseschritte konnte die Auswirkung der unterschiedlichen Raumzustände auf die Bildanalyse auf ein Minimum reduziert werden. Die Bildanalyse der Lernräume der Bildungseinrichtung Ravensburg zeigt, dass die Schule trotz ihres pädagogischen Leitbildes (siehe Anhang D) frontal und lehrerzentriert ausgerichtete Räumlichkeiten aufweist. Dies wird besonders durch die rechteckige Raumform mit einer festen Präsentationsfläche unterstrichen. Die Anordnung der Beleuchtung in Rechtecken oder Reihen wirkt ebenfalls militärisch und wenig befreiend (vgl. Opp, 2010, S. 229). Bei den Klassenräumen 5 und 6 und dem Zusatzraum 3 wird der Fokus auf die Lehrkraft durch die Zugänglichkeit der Räume zusätzlich unterstrichen.

Lehr-Lernmaterialien sind ebenfalls nur über eine Lehrkraft für die Lernenden zu erreichen. In den Räumen selbst fällt besonders die eintönige, wenig ansprechende farbliche Gestaltung auf. Unbuntfarben dominieren das Bild und nur wenige Farbakzente lockern dieses Bild auf. Einzig die naturbelassenen Holzelemente bringen Wärme und etwas Wohlbefinden in einzelne Räume. Der Klassenraum 4 sticht durch seinen rot-orangenen Boden deutlich hervor. Diese Farbe wirkt angenehm warm und aktivierend (vgl. Nitsche et al., 2013, S. 184). Die Beleuchtung in den Räumen besteht nur aus direkten Lichtern, die kaum individuelle Steuerung zulassen. Bei einer flexiblen Raumnutzung ist die Ausleuchtung somit nicht ausreichend. Ebenso wenig lernförderlich sind die unflexiblen Tische. Zusätzlich kann die monotone Haltung der Lernenden, die durch das Einheitsmobiliar hervorgerufen wird, zu Haltungsschäden und Spätfolgen führen. In Kombination mit zu wenig Zusatzräumen und kaum differenzierten Arbeitszonen ist ein individuelles und schülerorientiertes Lernen in der aktuellen räumlichen Konstellation deutlich erschwert. Die Zusatzräume bieten den Nutzer*innen im aktuellen Zustand keinerlei Orientierung, wofür sie zu gebrauchen sind (vgl. Watschinger & Weyland, 2017, S. 68). Für Erholung zwischen den Lernphasen bieten die Durchgangsräume und der Außenbereich keine echten Rückzugsmöglichkeiten. Die Verfasserin ist der Meinung, dass die analysierten Räumlichkeiten mit ihrer aktuellen Struktur und Ausstattung ein deutliches Verbesserungspotential aufweisen, um eine Lernumgebung zu werden, die dem pädagogischen Leitbild der Schule (siehe Anhang D) gerecht wird.

4 Umgestaltungsmöglichkeiten für die Lernumgebung der Bildungseinrichtung Ravensburg der DRK Landesschule BW

Aus dem pädagogischen Leitbild der DRK Landesschule BW (siehe Anhang D), wie auch den Anforderungen an eine berufliche Ausbildung (siehe Kapitel 2.2), lässt sich eindeutig die Schülerzentrierung für das didaktische Konzept erkennen. Wie die Bildanalyse gezeigt hat, widerspricht der Aufforderungscharakter der aktuellen Räume der Bildungseinrichtung Ravensburg diesem Konzept (siehe Kapitel 3.6). Welche Möglichkeiten bestehen, um aus den bestehenden Räumen eine Lernumgebung zu machen, die dem didaktischen Konzept gerecht wird? In den nachfolgenden Kapiteln werden Umgestaltungsideen der Verfasserin bezogen auf die drei Dimensionen des Raumes aufgezeigt. Die Umgestaltungsmöglichkeiten sind aus dem pädagogischen Blickwinkel entstanden und müssen bezüglich der Umsetzung durch entsprechendes Fachpersonal geprüft und ggf. überarbeitet werden.

4.1 Raumcluster zur Erhöhung der Lernflexibilität

Im Kapitel 2.3 ist aus der Literaturarbeit heraus ein mögliches Raumkonzept für die NotSan-Ausbildung entstanden. Dieses Raumkonzept stellt die Grundlage des Umgestaltungskonzeptes für die äußere Struktur dar. Das Lehrerzimmer entfällt bei den Umgestaltungsideen, da die Lehrkräfte einen separaten Bereich im Schulgebäude haben, den Verwaltungsbereich. Dessen räumliche Struktur und Gestaltung müsste in einer separaten Arbeit beleuchtet werden. Bei der Umstrukturierung des Raumkonzeptes erhalten die vorhandenen Räume neue Funktionen.

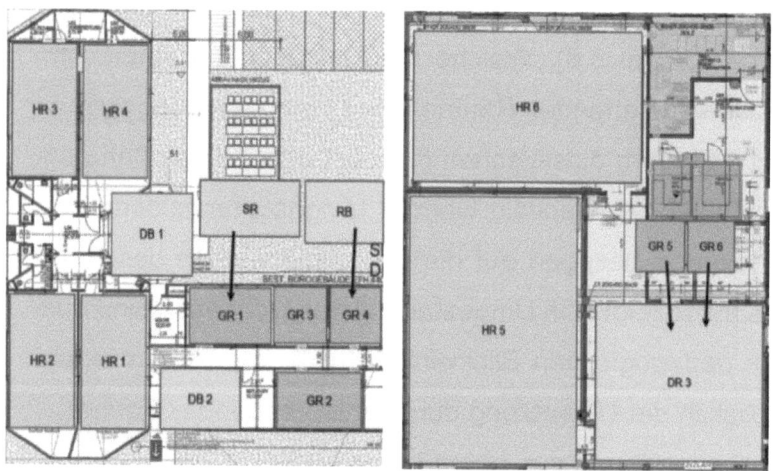

Abbildung 3: Verteilung der Räumlichkeiten nach dem Clusterkonzept aus Kapitel 2.3 bei sechs Klassen.

Hauptraum (HR), Differenzierungsbereich (DB): DB 1 für Stillarbeit, DB 2 und 3 für kooperative Lernformen, Gruppenraum (GR), Simulationsraum (SR), Ruhebereich (RB). Quelle: In Anlehnung an Hendl, 11.03.2020 und Hendl, 06.05.2019

Planerisch werden die sechs Klassenräume für sechs Kurse als Hauptunterrichtsraum betrachtet (siehe Abbildung 3[1]). Bei einem *Cluster-Konzept* wird für jeden Hauptraum ein zusätzlicher Gruppenraum benötigt. Die vier Zusatzräume können für die Klassenräume 1 bis 4 diese Funktion übernehmen. In der aktuellen Raumanordnung bestehen zwischen den Klassen- und Gruppenräumen teilweise sehr große Wege. Für die Klassenräume 5 und 6 gibt es keine Gruppenräume. Alternativ könnte der Durchgangsraum 3 als Gruppenraum für beide Klassenräume genutzt werden. Benutzen zwei Klassen diesen Raum parallel, besteht bei schlechten Absprachen und unterschiedlichen Lernformen ein hohes Konfliktpotential. Die Durchgangsbereiche eignen sich am besten für den Differenzierungsbereich. Die Gebäudestruktur gibt es nicht her, dass ein zentraler Differenzierungsbereich angelegt wird, da sich die Klassenräume in zwei Gebäuden befinden.

Vorteil von drei kleineren Differenzierungsbereichen ist eine klare Zonierung für unterschiedliche Lernformen. Von der Lage der Durchgangsräume liegt der Durchgangsraum 2 am ruhigsten. Die verglaste Fassade lässt viel natürliches Licht einfallen, welches eine wohlig warme Atmosphäre schaffen kann. Ein guter Ort, um einen

---

[1] Die Veränderung der Baupläne zur Veranschaulichung des Umgestaltungskonzeptes wurde mit dem Urheber Ingenieurbüro Thomas Hendl besprochen und genehmigt.

Stillarbeitsraum mit Leseecke einzurichten. Die Durchgangsräume 1 und 3 eignen sich für kooperative Lernformen wie Gruppenarbeiten oder Diskussionen. Hier ist aufgrund der Eingangsbereiche zu den Gebäuden, wie auch den Raucherbereichen, mit deutlich mehr Publikumsverkehr zu rechnen. Für den Regenerationsbereich ist in der aktuellen Raumaufteilung kein Raum vorhanden. Durchgangsbereiche eignen sich hierfür wenig, da das wirkliche Abschalten und Entspannen Ruhe und ein gedimmtes Licht benötigt. Umsetzbar wäre dies mit Sicherheit im Zusatzraum 4, der aktuell aber als Gruppenraum benötigt wird. Durch die räumliche Nähe zum angrenzenden Zusatzraum 3 könnte es außerdem zu akustischen Störungen kommen. Um dies zu vermeiden, bedarf es einer guten Schallisolierung nach außen. Der Simulationsraum könnte im Zusatzraum 1 realisiert werden. Er bietet eine gute Grundgröße um verschiedene räumliche Strukturen wie z.B. eine Küchenzeile oder ein kleines Bad einzubauen. Die überbreite Tür (siehe Anhang C.1) ermöglicht es größere Gegenstände wie z.B. das Pflegebett in diesen Raum zu bewegen.

In der aktuellen Raumaufteilung zeigt sich, dass für das angedachte Clusterkonzept nicht ausreichend Räume vorhanden sind. Dadurch müssten die vorhandenen Räume teilweise mit Doppelfunktionen belegt werden (siehe Abbildung 3). Dies kann aus zwei Gründen der Fall sein. Entweder ist die Raumaufteilung ungünstig oder die Grundfläche ist zu gering. Bei sechs Klassen mit 150 Schüler*innen würde eine Unterrichtsfläche von 525-675 m^2 und eine Aufenthaltsfläche von 300 - 450 m^2 gebraucht werden, da bei Clusterkonzepten mit 3,5 - 4,5 m^2 pro Schüler*in für Unterrichtsfläche und 2 - 3 m^2 pro Schüler*in für Aufenthaltsbereiche gerechnet wird (vgl. Verband Bildung und Erziehung et al., 2013, S. 64). Rechnerisch stehen 583,84 m^2 Fläche an Klassen- und Zusatzräumen zur Verfügung. Die Durchgangsbereiche ergeben eine Fläche von 180,72 m^2. Im Gesamten besteht bei sechs Klassen eine Differenz von 60,44 - 360,44 m^2. Daraus ergibt sich, dass die Grundfläche für die geplanten 150 Schüler*innen bei einem Clusterkonzept zu gering ist. Die Anzahl der Schüler*innen müsste auf mindestens 125 reduziert werden.

Durch die Reduzierung der Nutzer*innen könnte der zur Verfügung stehende Raum entsprechend der notwendigen Räumlichkeiten neu aufgeteilt werden. Aus pädagogischer Sicht ist die Umgestaltung der vorhandenen Grundfläche für fünf Klassen mit 125 Schüler*innen und für 4 Klassen mit 100 Schüler*innen in der Abbildung 4 und Abbildung 5 dargestellt. Räume, die baulich verändert werden müssten, sind in den Abbildungen rot umrandet. Hinsichtlich Statik und baulicher Umsetzbarkeit müssen entsprechende

Fachkräfte in die Planung und Umsetzung mit einbezogen werden. Bei der baulichen Umstrukturierung sollte bei den Klassenräumen auf die Mindestgröße von 85 m² für flexible Klassenräume geachtet werden (vgl. Deutsche Gesetzliche Unfallversicherung e.V., 2014, S. 22). Diese erfüllen aktuell nur die Klassenräume 4 und 5. Als wünschenswert, aber nicht zwingend notwendig erachtet die Verfasserin eine asymmetrische Raumstruktur bei allen Räumen.

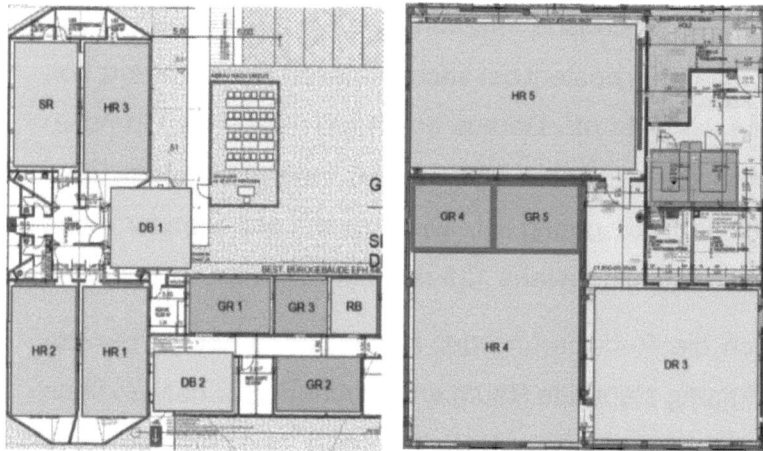

Abbildung 4: Verteilung der Räumlichkeiten nach dem Clusterkonzept aus Kapitel 2.3. bei fünf Klassen. Räume, die baulich verändert werden müssten sind rot umrandet.

Hauptraum (HR), Differenzierungsbereich (DB): DB 1 für Stillarbeit, DB 2 und 3 für kooperative Lernformen, Gruppenraum (GR), Simulationsraum (SR), Ruhebereich (RB). Quelle: In Anlehnung an Hendl, 11.03.2020 und Hendl, 06.05.2019

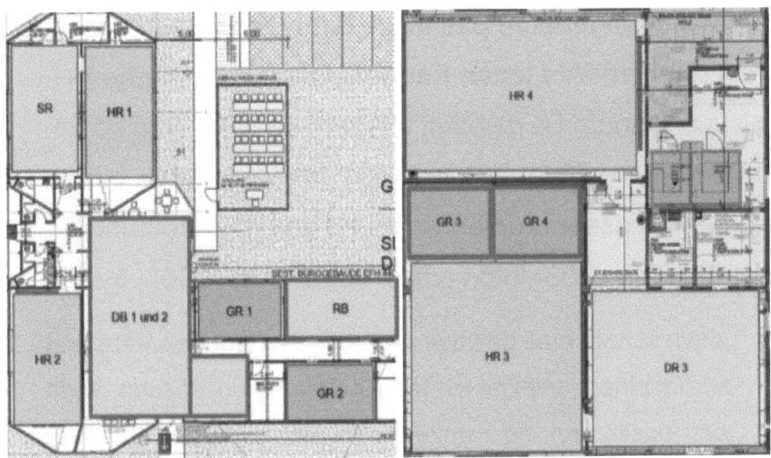

Abbildung 5: Verteilung der Räumlichkeiten nach dem Clusterkonzept aus Kapitel 2.3 bei vier Klassen. Räume, die baulich verändert werden müssten sind rot umrandet.

Hauptraum (HR), Differenzierungsbereich (DB): DB 1 für Stillarbeit, DB 2 und 3 für kooperative Lernformen, Gruppenraum (GR), Simulationsraum (SR), Ruhebereich (RB). Quelle: In Anlehnung an Hendl, 11.03.2020 und Hendl, 06.05.2019

4.2 Aufbrechen der Monotonie in der festen Innenstruktur

Bei der Bildanalyse ist eine monotone und unflexible Innenausstattung, fest wie beweglich, aufgefallen (siehe Kapitel 3.4.2 und 3.4.3). Bei der festen Innenausstattung besteht das größte Verbesserungspotential bei der Farbgestaltung. Für die Böden eignen sich erdige Brauntöne. Diese geben Sicherheit und wirken natürlich, was als angenehm empfunden wird (vgl. Nitsche et al., 2013, S. 178). Die Decke wie auch die Fenster können weiß bleiben, wenn die

Wände eine angenehm pastellige Grundfarbe mit Farbakzenten erhalten. Auf jeden Fall sollte die Deckenfarbe hel-
ler als die Wandfarbe gewählt werden, da der Raum so hö-
her wirkt (vgl. Holfeld, 2013, S. 59). Als Wandfarbe eignet
sich in den Klassenräumen aufgrund seiner zarten und offenen Wirkung ein Gelbton (vgl. Rodeck et al., 2007, S. 30).

> „Gelb schafft eine positive Atmosphäre, regt den Verstand
> an, inspiriert, erleichtert das Aneignen von Wissen, wirkt
> sich positiv auf die Konzentrationsfähigkeit und das Ge-
> dächtnis aus" (Ostaszewska & Wrega, o.D., S. 23).

Zusätzlich kann der Wohlfühlfaktor in den Räumen durch
die positive Farbgestaltung deutlich angehoben werden.
Bei Farbakzenten sollte in flexiblen Klassenräumen eine
aktivierende Farbe genutzt werden wie z.B. Rot oder
Orange (vgl. Nitsche et al., 2013, S. 184). Ebenso könnte
eine Verbindung zwischen Klassenraum und zugehörigem
Gruppenraum durch ein wiedererkennbares Farbkonzept
in den beiden Räumen hergestellt werden. Die Farbakzente brechen die Monotonie der einfarbigen Wände auf
und schaffen abwechslungsreiche Reize, die allerdings
sparsam eingesetzt werden müssen, um keine Überreizung und damit einhergehende Ermüdung zu erzeugen
(vgl. Nitsche et al., 2013, S. 188).

In den Differenzierungsbereichen würde eine akzentuierte Farbgestaltung je nach Lernzone Sinn machen. Orangetöne können in Bereichen für das kooperative Lernen die Kommunikation anregen (vgl. Ostaszewska & Wrega, o.D., S. 23). In der Leseecke und der Ruhezone eignen sich hingegen die Farben Grün und Blau wegen ihrer beruhigenden Wirkung (vgl. Rodeck et al., 2007, S. 31). Blaue Farbakzente fördern zusätzlich die Konzentration und verbessern die Aufmerksamkeit (vgl. Nitsche et al., 2013, S. 173). Im Simulationsraum würde sich eine rot-orangene Farbgestaltung an den Wänden anbieten. Hier wird Energie und Aktivität gebraucht, welche diese zwei Farben unterstützen. Da die Farbgestaltung vom Licht, Material und Zusammenspiel der Farben, auch in Kombination mit dem Mobiliar, abhängig ist, können hier nur mögliche Umsetzungsideen aufgezeigt werden. Für die konkrete Umsetzung bedarf es der Hilfe einer Fachkraft. Helles, naturbelassenes Holz bietet sich als Material an, um eine gewisse Gemütlichkeit und Wärme in den Räumen zu erzeugen. Bezüglich der Lichtgestaltung sind dimmbares Licht und eine Zonierung des Lichts elementar wichtig. Bei der flexiblen Raumnutzung muss sich die Beleuchtung dieser Nutzung anpassen und zu jeder Zeit eine optimale Ausleuchtung ermöglichen. Dies könnte durch die Kombination von direkter und indirekter Beleuchtung erreicht werden (Fördergemeinschaft Gutes Licht, 16.06.2017, S. 10).

Hinsichtlich der ganzjährigen Nutzung der Räumlichkeiten als Ganztagesschule könnte eine Tagesautomatik angepasst an das natürliche Licht eine zusätzliche Leistungssteigerung aller Beteiligten bewirken (vgl. Nitsche et al., 2013, S. 171). Das Wohlbefinden kann hier durch gezieltes Einsetzen von Wandleuchten weiter gesteigert werden. Die Ausarbeitung und Optimierung des Lichtkonzeptes sollte Hand in Hand mit der Farbgestaltung gehen und ebenfalls durch eine Fachkraft erstellt werden. Hinsichtlich der unzureichenden Stromversorgung an den einzelnen Arbeitsplätzen in den Klassenräumen bestehen verschiedene Möglichkeiten. Mit Hilfe eines Elektrikers wird mit Hinblick auf die flexible Raumnutzung die Positionierung der Steckdosen überdacht. Jedoch stellen Steckdosen für flexibles Arbeiten in jeder Position ein Hindernis dar, da sie fest an einem Platz verbaut sind. Ohne bauliche Maßnahmen könnten Ladestationen eingerichtet werden, an denen digitale Geräte außerhalb der Benutzung geladen werden. Bei dieser Lösung wird die Planungskompetenz der Lernenden zusätzlich gefragt, um nicht mitten im Workflow vor einem leeren Akku zu sitzen. Die Ergänzung mit mobilen Akkus könnte Abhilfe schaffen. Die Vorhaltung von solchen Akkus seitens der Schule könnte das mobile Laden der digitalen Endgeräte im flexiblen Klassenzimmer ohne großen Aufwand möglich machen. An fest verbauten Ladestationen könnten die Akkus nach Benutzung aufgeladen werden und stünden für den nächsten Unterricht wieder bereit.

4.3 Ergonomie und Individualität bei den beweglichen Elementen

Bei den beweglichen Innenelementen sind die vorhandenen Tische und Stühle weder individuell anpassbar und somit ergonomisch noch besonders flexibel in der Handhabung. Für flexible Lernräume bedarf es flexibler Möbel, die den Lernenden alle Lernformen ermöglichen (vgl. Deutsche Gesetzliche Unfallversicherung e.V., 2014, S. 8). Dreieckstische sind bei den Tischen die Vorreiter für kooperative Lernformen, da sie sich in unterschiedlichsten Konstellationen zusammenstellen lassen. „Als Einzeltische sind sie aber zu klein" (Watschinger & Weyland, 2017, S. 164). Im Klassenraum, in dem vorrangig Plenumsphasen und kooperative Lernformen stattfinden scheinen die Dreieckstische eine gut Variante zu sein, da sie sich zu vielen Verschiedenen Formationen zusammenstellen lassen, die ausreichend Arbeitsplatz bieten. In Bezug auf die Raumgröße nehmen diese Tische deutlich weniger Platz ein, als die bisherigen Tische und können deutlich platzsparender zur Seite geräumt werden. Diese Tischform gibt es allerdings nicht in höhenverstellbarer Form oder mit

kippbarer Tischplatte. Um trotzdem die Option von Stehar-
beitsplätzen zu bieten, können die rollbaren Regale im
Klassenzimmer so gewählt werden, dass sie von der Höhe
mit ca. 110 cm dem eines Stehtisches entsprechen. Die
Regale sollten so aufgeteilt sein, dass sie für jeden*jede
Schüler*in einen Stauraum für Taschen und Unterrichts-
materialien bereithalten. Geschwungene Regale haben sicherlich den optischen Vorteil, dass sie die linearen Strukturen aufbrechen und dadurch harmonischer wirken. Sie
benötigen allerdings mehr Platz. In den Klassenräumen 1
bis 4 sind aufgrund der geringen Grundfläche gerade Regale zu bevorzugen. In den Klassenräumen 5 und 6 könnte
alternativ über geschwungene Regale nachgedacht werden, da diese Räume flächenmäßig sehr groß sind. Um die
fehlende Kippbarkeit der Tischplatte auszugleichen, gibt es
sogenannte Lesepulte, die einfach auf den Tischen ergänzt
werden können. Höhenverstellbare und zusammenklapp-
bare Modelle können individuell angepasst und platzsparend verstaut werden.

Bei den Sitzmöbeln für die Lernenden steht das individuelle
Sitzen im Vordergrund. Drehstühle mit 3D-Wipptechnick,
die höhenverstellbar sind, bieten hierbei das Optimum an
Ergonomie, da sie verschiedenste Sitzpositionen zulassen
(vgl. Deutsche Gesetzliche Unfallversicherung e.V., 2014,
S. 8). Ein klarer Nachteil zu den aktuellen Sitzmöbeln ist

der Platzbedarf, da die Drehstühle nicht stapelbar sind. Da aber durch die Tische ein deutlicher Platzgewinn entstanden ist, scheinen die Vorteile der Drehstühle gegenüber den Nachteilen zu überwiegen. Eine gute Ergänzung zu den Drehstühlen würden auch Sitzbälle oder Aktivstühle (siehe Kapitel 2.1.3) darstellen. Aus Platzgründen wären hier die Aktivstühle zu bevorzugen. Zusätzlich stellen die Aktivstühle eine Sitzmöglichkeit an Stehtischen dar, da es sie in höhenverstellbaren Varianten gibt. Um dem Sitzen eine neue Dimension zu ermöglichen, ist es zu empfehlen eine bunte Mischung aus Sitzgelegenheiten vorzuhalten, die individuell zum Einsatz kommen.

In den Räumen der Bildungseinrichtung Ravensburg hat auch das Präsentationskonzept noch Optimierungspotential. Die vorhandenen Stellwände und Flipcharts sind schon sehr flexible Präsentationsmedien. Um die vorhandene Fläche in den Räumen noch besser zu nutzen, bietet sich an den Wänden ein Schienensystem mit abnehmbaren Präsentationstafeln an. Somit könnte der Platz, den Präsentationsmedien im Raum benötigen, an die Wände verlagert werden. Die meisten Hersteller bieten hier Tafeln von der klassischen Kreidetafel, über die Pinnwand bis hin zur Präsentationsfläche für Beamer an. Um den Beamer aus seiner starren Deckenhalterung zu befreien, können Ultrakurzdistanzbeamer genutzt werden. Diese können einfach am gewünschten Ort auf einem Tisch aufgestellt werden und mit den flexiblen Präsentationsflächen am Schienensystem zusammen ein neues, individuelles Präsentationserlebnis schaffen. Eine Beamerhalterung, die individuell an die flexiblen Wandtafeln angebracht werden kann, wurde bei den verschiedensten Herstellern nicht gefunden.

Bei flexibler Raumnutzung ist eine optische und akustische Zonierung wichtig. Besonders bei unterschiedlichen Lernformen. Durch die rollbaren Regale kann bereits eine Raumunterteilung im Klassenraum stattfinden. Ergänzend wären flexible Akustikwände sinnvoll, die ein Zonieren des Raumes ermöglichen (vgl. ASS, o.D., S. 9). Wie viele Trennwände in einem Klassenraum gebraucht werden und welches Modell am besten zu den Räumlichkeiten passt, muss in der täglichen Unterrichtspraxis erprobt werden.

Die in den Zusatzräumen vorhandenen höhenverstellbaren und rollbaren Tische sind für diese Räume gut gewählt. Sie ermöglichen flexibles Arbeiten in unterschiedlichen Höhen. Ergänzt durch die Aktivhocker, die sich an die Höhe des Tisches anpassen lassen, kann eine individuelle Lernumgebung geschaffen werden. An einer Wand der Zusatzräume ist das Wandschienensystem für die mobilen Tafeln sinnvoll, um auch hier Präsentationsmöglichkeiten zu schaffen. Mehr Präsentationsfläche würde hier auf Grund der Raumgröße keinen Sinn machen. Die Verwendung desselben Wandschienensystem in allen Räumen ermöglicht unendliche Gestaltungs- und Präsentationsmöglichkeiten. Die kleinen Tische wie auch die Aktivhocker können platzsparend zur Seite geräumt werden und schaffen somit den Raum für z.B. Fallbeispiele. Durch die bereits geplanten rollbaren Regale wird in den Zusatzräumen kein separater Stauraum benötigt, da die Schüler*innen ihr Regal mitnehmen können. Allerdings muss diese Annahme in der täglichen Unterrichtpraxis überprüft werden. Ebenso sollte in den Zusatzräumen eine Grundausstattung für praktische Trainings vorhanden sein, um den Schüler*innen Orientierung zu bieten. Diese besteht aus einem Notfallrucksackset, einem Simulations-EKG und vier Bodenmatten.

Das Mobiliar in den Durchgangsräumen muss den neu zugeordneten Lernformen in der Funktion als Differenzierungsbereiche angepasst werden. Die Fassmöbel im Durchgangsraum 3 sind gut für kooperative Lernformen geeignet und unterstützen durch Steh- und Sitztische ein aktives Lernverhalten. Auch in diesem Raum wird ergänzend die Anbringung des Wandschienensystems als sinnvoll erachtet. Für die Zonierung könnten hier rollbare Akustikwände sorgen (vgl. ASS, o.D., S. 9). Die vorhandenen Sideboards könnten mit Rollen ausgestattet als Raumteiler und Steharbeitsplätze genutzt werden. Ergänzend könnten im Durchgangsraum 3 Arbeitsnischen an der Wand gegenüber dem Eingang etabliert werden. Mit diesen Lösungen kann der vorhandene Platz optimal genutzt werden, ohne dass Durchgangswege zugestellt werden.

Im Stillarbeitsbereich wie der Leseecke werden Einzelarbeitsplätze benötigt. Diese können entweder an einer langen Theke oder in kleinen Arbeitsnischen angelegt werden. Da die Lernenden an der BE RV alle ein eigenes digitales Endgerät besitzen, sind feste IT-Arbeitsplätze nicht notwendig. Im Durchgangsraum 2 muss hierbei darauf geachtet werden, dass die Blickrichtung der Arbeitsplätze nicht Richtung Fenster ist, da es sonst zu Blendungen kommen kann (Fördergemeinschaft Gutes Licht, 16.06.2017, S. 10). Eine individuelle Beleuchtung der einzelnen Arbeitsplätze ist hierbei unumgänglich. Tischlampen können ergänzend zur Kombination aus direktem und indirektem Licht eine individuelle Arbeitsplatzbeleuchtung schaffen.

Für die Leseecke können die vorhandenen Polstermöbel und Stühle aus dem Durchgangsraum 1 genutzt werden. Ein großes Rundregal, welches auf der einen Seite als Bibliothek genutzt werden könnte und auf der anderen Seite den Lesebereich etwas separiert, würde den Durchgangsraum 2 sinnvoll unterteilen. Alternativ könnte auch ein

Wandregal verwendet werden und der Lesebereich befindet sich in der Mitte des Raumes. Hier muss in der Praxis geschaut werden, wie sich der Raum am besten strukturieren lässt. Im Durchgangsraum 1 würde die Verfasserin dieselben Möbel wie im Eingangsbereich 3 einsetzen und durch flexible Akustikwände eine Zonierung herbeiführen (vgl. ASS, o.D., S. 9). In den Klassenräumen, Zusatzräumen und Durchgangsräumen kann das Wohlbefinden durch den gezielten Einsatz von Teppichen und Pflanzen erhöht werden. Die vorhandenen Teppiche sind mehr funktional als schön. Flauschige Stoffe, die an das Farbkonzept angepasst sind, würden dem Wohlbefinden deutlich mehr zutragen.

Da die Gestaltung von Simulationsräumen einen speziellen Fachbereich darstellt, wird im Rahmen dieser Arbeit kein Gestaltungskonzept für diesen Raum entworfen. Hier sollte mittels Fachpersonal eine Planung und Umsetzung ins Auge gefasst werden. Auch die technische Verknüpfung von Simulationsraum mit den Klassenräumen bedarf entsprechender Fachkenntnisse.

Der Ruheraum benötigt eine einladende und gemütliche Atmosphäre. Diese entsteht auf der einen Seite bereits durch die Farb- und Lichtgestaltung. Die gewählten Materialien wie auch die Möbelarten können das Wohlbefinden und die Ruhe in diesem Raum fördern. Polstermöbel unterschiedlichster Größe und Form mit zusätzlichen Decken und Kissen bieten die Möglichkeit, dass sich jeder eine individuelle Wohlfühlzone einrichten kann. Teppiche und Pflanzen erhöhen das Wohlbefinden und die Entspannung zusätzlich. Pflanzen müssen aber auch gegossen werden und bedeuten somit arbeitstechnisch mehr Aufwand, der in die Gesamtplanung mit aufgenommen werden muss. Auch die Reinigung von Decken und Kissen muss bedacht und organisiert werden. Farblich sollten die Möbel angepasst an die Raumfarben in zarten Farbtönen gewählt werden, um Entspannung und Ruhe zu fördern (vgl. Holfeld, 2013, S. 97-98). Die detaillierte Raumgestaltung könnte in Zusammenarbeit mit den Lernenden geplant und umgesetzt werden. Was als angenehm und beruhigend wahrgenommen wird, ist sehr individuell. Deshalb würde sich hier eine gemeinsame Neugestaltung sicherlich lohnen. Ein Umgestaltungsprojekt fördert nicht nur verschiedenste Kompetenzen der Lernenden, sondern auch die Identifikation der Lernenden mit der Umgebung.

4.4 Zentrale Stellschrauben für die Umgestaltung

Die Grundstruktur der vorhandenen Räumlichkeiten ist eher suboptimal für offene Lernkonzepte. Dennoch zeigen sich Möglichkeiten auch ohne größere bauliche Maßnahmen die Räumlichkeiten zu optimieren, um eine lernförderliche Umgebung zu schaffen. Besonders kleine Veränderungen im Mobiliar, der Nutzung und der Farbgestaltung können eine positive Veränderung für alle Beteiligten bewirken. Das Umgestaltungskonzept für die Räume der Bildungseinrichtung Ravensburg, um diese in eine Lernumgebung zu verwandeln, die das pädagogische Leitbild zum Leben erweckt, lässt sich abschließend in fünf Punkte zusammenfassen:

- Anpassung der Schülerzahlen an die vorhandene Grundfläche.

- Neustrukturierung der Räume nach dem Cluster-Konzept ggf. mit baulicher Umstrukturierung der Räume.

- Ansprechende Farb- und Lichtgestaltung angepasst an die Nutzung des Raumes.

- Optisch ansprechendes, ergonomisches, individuell anpassbares und flexibel nutzbares Mobiliar, welches auf die jeweilige Lernform abgestimmt ist.

- Gezielter Einsatz von Elementen, die Wärme und Geborgenheit ausstrahlen wie z.B. Pflanzen und Teppiche.

97

5 Fazit

Das Ziel dieser Arbeit ist es den Einfluss des Raumes auf die Umsetzung von SOL im LF in der NotSan-Ausbildung zu beleuchten. Mittels Bildanalyse wurde die aktuelle Raumsituation an der Bildungseinrichtung Ravensburg der DRK Landesschule BW beleuchtet und mögliche Schwachstellen aufgezeigt. Abschließend wurden Kriterien für die Umgestaltung anhand von Gestaltungselementen aufgezeigt. Im gesamten hat die Arbeit gezeigt, dass der Raum ein starker Faktor im Konstrukt Unterricht ist, dem häufig zu wenig Beachtung geschenkt wird. Dennoch darf die Lernumgebung nicht isoliert betrachtet werden. Lehrende, Lernende, Thematik und das didaktische Konzept stehen in ständiger Wechselwirkung mit dem Raum. Die Forschungsfrage, die mit dieser Arbeit beantwortet werden sollte, lautet:

Nach welchen Kriterien und mit Hilfe welcher Gestaltungselemente könnten die Klassenräume an der Bildungseinrichtung Ravensburg der DRK Landesschule BW zu Lernräumen umgestaltet werden, um das selbständige Lernen zu fördern und zu unterstützen?

Die Beantwortung dieser Frage muss in zwei Bestandteile aufgeteilt werden – die Kriterien einer guten Lernumgebung und die Gestaltungselemente. Die Literaturarbeit ergab, dass die Lernumgebung grundlegend Geborgenheit und Wohlbefinden ausstrahlen muss. Durch individuelle Gestaltung der Umgebung identifizieren sich Nutzer*innen mit ihrer Umgebung, was den sozialen Kontakt und den Zusammenhalt stärkt. Des Weiteren muss der Raum eine grundlegende Orientierung bieten, was Nutzer*innen mit ihm anfangen sollen. Neben diesen Grundbedingungen muss die Lernumgebung in der NotSan-Ausbildung auch die unterschiedlichen Lern- und Sozialformen unterstützen. Plenumsphasen, kooperative Phasen, individuelle Lernphasen bis hin zu Skilltraining und Fallbeispielen müssen umsetzbar sein und von der Umgebung unterstützt werden. Zusätzlich muss an einer Ganztagesschule die Möglichkeit zur Entspannung gegeben sein. Ruheräume, die speziell für Pausen und Ruhe konzipiert wurden, sind hierfür notwendig.

Bei den Gestaltungselementen, die Einfluss auf diese Kriterien nehmen, richtet sich alles nach den drei Dimensionen des didaktischen Raumes. Mittels baulicher Veränderungen kann die Grundstruktur der Lernumgebung verändert werden und die kastenförmige Raumstruktur des lehrerzentrierten Unterrichts aufgebrochen werden. Dadurch kann eine Optimierung der Räume zur Umsetzung der unterschiedlichen Lernformen erlangt werden. Bezogen auf die äußere Form ist auch die Strukturierung über den einzelnen Klassenraum hinaus als Gestaltungselement zu werten. Beim Betrachten des Cluster-Konzepts zeigten sich Möglichkeiten, den vorhandenen Raum durch Zonierung besser zu nutzen und somit auch klassenübergreifend für verschiedene Lernformen zugänglich zu machen. Festgelegte Bereiche für unterschiedliche Lernformen sind eines der wirkungsvollsten Instrumente, um SOL zu ermöglichen. Den Lernenden steht dadurch zu jeder Zeit die Optionen zur Umsetzung jeder Lernform offen. Bei den inneren Strukturen sind die Farb- und Lichtgestaltung mitunter das elementarste Gestaltungselement zur Erzeugung von Geborgenheit und Wohlbefinden.

Auf alle Kriterien hat das Mobiliar Einfluss. Flexibles und individuell anpassbares Mobiliar, welches individuell für die Lernform in den unterschiedlichen Bereichen ausgewählt wurde, ist ein absolutes Muss, um SOL zu ermöglichen. Einheitlichkeit ist in jedem Fall der Tod der Individualität und somit auch der Selbstorganisation. Deshalb können aus der Arbeit auch keine allgemeingültigen Schlussfolgerungen für die perfekte Lernumgebung für die NotSan-Ausbildung getroffen werden. Die ermittelten Kriterien und Gestaltungselemente hingegen lassen sich auf jede Schule übertragen.

Im Laufe der Arbeit zeigte sich an vielen Stellen, dass die Zusammenarbeit der verschiedenen Fachbereiche für die Umsetzung einer Umgestaltung unumgänglich ist. Die Aufgezeigten Umgestaltungsideen basieren aktuell rein auf dem pädagogischen Blickwinkel. Vor der Umsetzung müssen diese Konzepte mit Fachkräften aus den Bereichen Farbgestaltung, Akustik, Statik und Raumgestaltung überprüft werden. Des Weiteren wird durch die Einbeziehung des gesamten Lehrerkollegiums der pädagogischen Blickwinkel erweitert. Einen Großteil der Nutzer*innen der Räume machen neben den Lehrenden die Lernenden aus, weshalb auch dieser Blickwinkel für die Planung der Umgestaltung relevant ist. Mittels Umfragen oder Interviews könnten die unterschiedlichen Blickwinkel erhoben werden. Nach der Umsetzung einer Umgestaltung ist es zwingend erforderlich, die neue Lernumgebung hinsichtlich der in dieser Arbeit erarbeiteten Kriterien neu zu beleuchten und zu reflektieren. Hierfür könnte sich wieder eine Bildanalyse der Räume, nach denselben Kriterien, eignen. Bei gleichem wissenschaftlichem Vorgehen könnten die zwei Bildanalysen direkt ins Verhältnis gesetzt und Verbesserungspotentiale sichtbar gemacht werden.

Des Weiteren hat sich gezeigt, dass die Gestaltung eines Simulationsraumes gesondert betrachtet und erarbeitet werden muss. Bei den Ruhebereichen tauchte der Außenbereich der Schule als Bestandteil der Lernumgebung auf. Doch nicht nur hinsichtlich Entspannung scheint der Außenbereich Potenzial zu haben. Ein gut durchdachter und gestalteter Außenbereich könnte die zur Verfügung stehende Lernumgebung erweitern und ergänzen. Hinsichtlich möglicher Umsetzungsideen würden sich weitere wissenschaftliche Arbeiten lohnen. Von der aktuellen Arbeit ausgeschlossen ist der Verwaltungs- und Lehrbereich der Schule. Nicht nur Lernende haben ein Anrecht auf eine optimale Lernumgebung. Auch Lehrende benötigen optimal auf sie abgestimmte Räume, die das Vorbereiten und Nachbereiten von Unterricht genauso wie das Führen von Beratungsgesprächen ermöglichen. Ein separater Ruhebereich sollte für die Lehrenden ebenfalls vorhanden sein. Die genaue Gestaltung und Strukturierung des Verwaltungs- und Lehrbereich sollte in einer separaten Arbeit ermittelt werden.

Das Vorgehen der angepassten ikonografischen und ikonologischen Bildanalyse hat sich als passend erwiesen. Für das gesteckte Ziel, Kriterien und Gestaltungselemente zu erarbeiten, mit denen die Klassenräume zu einer lernförderlichen Lernumgebung umgestaltet werden können, reichte die Perspektive der Verfasserin bei der Interpretation vollkommen aus. Die einzelnen Schritte bieten hierbei eine gute Nachvollziehbarkeit bezüglich der Interpretation der analysierten Räume. Dadurch, dass die Verfasserin die Räume kennt, war es bei der vor-ikonografischen Beschreibung mit viel Aufwand verbunden, wirklich nur die Elemente zu beschreiben, die auf den Bildern zu sehen sind. Immer wieder bemerkte die Verfasserin den Einfluss ihres Hintergrundwissens besonders auf die Bildbeschreibung. Durch mehrfaches Korrekturlesen wurde dieser Einfluss bestmöglich entfernt. Der Aufwand diesbezüglich erhöht allerdings wiederum die Objektivität der gesamten Methode. Ebenso war es nicht ganz einfach, den passenden Blickwinkel für die Bilder zu finden, damit der Raum bestmöglich erfasst wird. Diesen Blickwinkel im Rahmen der Bildanalyse in Worte zu fassen, stellte für die Verfasserin ebenfalls eine Hürde dar. Beim Schritt der ikonografischen Analyse hat sich gezeigt, dass die vollständige Erfassung des Raumes auf den Bildern gar nicht zwingend notwendig gewesen wäre. Der Blickwinkel wird in diesem Schritt der Bildanalyse durch die Begehung der Räume und den Bezug zur Literatur zwangsläufig erweitert. Dennoch zeigen die zwei Bilder der Räume auf, dass ein Raum aus unterschiedlichen Perspektiven betrachtet auch sehr unterschiedlich wirken kann. Dies muss bei der Gestaltung von Räumen nämlich mit bedacht werden.

Diese qualitative Forschungsarbeit hat gezeigt, dass eine lernförderliche Umgebung durch viele Faktoren beeinflusst wird und einen wichtigen Faktor in der Unterrichtsplanung wie auch -gestaltung darstellt. Ebenso hat sich gezeigt, dass in praktisch jedem Gebäude eine solche Umgebung erschaffen werden kann. Eine individuelle Betrachtung der Grundgegebenheiten führt dazu, mögliche Potentiale zu erkennen und vorhandene Mängel ins Positive zu verändern. Oberstes Gebot stellt hierbei ein harmonisches Gesamtkonzept dar, welches den Lehrenden und Lernenden ihren Schulalltag erleichtert und optimale Bedingungen für das Lernen schafft. Dabei stellt die lernförderliche Lernumgebung keinen abgeschlossenen Abschnitt dar, sondern ist ein sich wiederholender Prozess, der von der Veränderung lebt.

6 Literaturverzeichnis

ASS (Hrsg.) (o.D.): Individuelle Lernräume. Verfügbar unter: https://www.schulzoesterreich.com/uploads/5/2/0/8/52088313/ass_brosch%C3%BCre_individuelles_lernen.pdf17.01.2021]

Buddensiek, W. (2009): Der Raum als dritter Pädagoge - Pädagogische Potentiale der fraktalen Schularchitektur. Verfügbar unter: https://www.google.com/url?sa=t&rct=j&q=&esrc=s&source=web&cd=&ved=2ahUKEwjG9NKpjJTuAhXmN-wKHXd9BB8QFjACegQIB-BAC&url=https%3A%2F%2Fwww.schulentwicklung.nrw.de%2Freferenzrahmen%2Frr_datei_download.php%3Fdateiid%3D4383&usg=AOvVaw2Ah7QbhC0-U08Hb67tUz5A [11.01.2021]

Busch, M. (2011): Selbstorganisiertes Lernen. Ein systemisches Unterrichtskonzept praktisch erprobt im Fach Werte und Normen in einer 7. Hauptschulklasse. Bremen: Europäischer Hochschulverlag GmbH & Co KG.

Deutsche Gesetzliche Unfallversicherung e.V. (Hrsg.) (2014): Sichere Schule: Unterrichtsraum. Verfügbar unter: https://www.sichere-schule.de/lernraumunterrichtsraum/pdf-broschuere [08.01.2021]

DRK Landesschule BW (Hrsg.) (o.D.): Pädagogisches Leitbild, DRK Landesschule Baden-Württemberg Deutsches Rotes Kreuz. Verfügbar unter: https://www.drk-ls.de/die-landesschule/selbstverstaendnis/paedagogisches-leitbild.html [19.01.2021]

Dysma Kindergartenbedarf GmbH (Hrsg.) (o.D.): Individuelles Lernen – Unsere Tische. Verfügbar unter: https://www.dusyma.com/de/--cms-page.blog.moebelinfo.tischformen [15.01.2021]

flex-i gmbh (Hrsg.) (o.D.): flex-i GmbH Hauptkataloge. flex-i flexible-innovative Lernräume. Verfügbar unter: https://www.flex-i.eu/schulmoebel-pages/service/kataloge.php [20.01.2021]

Fördergemeinschaft Gutes Licht (Hrsg.) (16.06.2017): Gutes Licht für Schulen und Bildungsstätten 2. Verfügbar unter: https://www.mkk.de/media/resources/pdf/mkk_de_1/buergerservice_1/lebenslagen_1/schule__bildung_und_medien_1/20_medienzentrum_1/hkm_schule_gesundheit/vorschriften/dguv/Gutes_Licht_Schulen.pdf [09.06.2020]

Frenzel, E. & Schraml, P. (o.D.): Das Lernfördernde Klassenzimmer. Verfügbar unter: https://www.yumpu.com/de/document/view/24737570/das-lernfordernde-klassenzimmer-sichere-schule [16.01.2021]

Hasselhorn, M. & Schneider, W. (Hrsg.) (2008): Handbuch der Pädagogischen Psychologie. Göttingen: Hogrefe Verlag GmbH & Co. KG.

Hendl, T. (06.05.2019): 02 OG ACHSE H1 BIS 5. Ingenieurbüro Thomas Hendl.

Hendl, T. (11.03.2020): Landesschule Pavillon. Ingenieurbüro Thomas Hendl.

Herold, M. & Landherr, B. (2003): SOL Selbstorganisiertes Lernen (2. Auflage). Hohengehren: Schneider Verlag.

Herold, C. & Herold, M. (2011): Selbstorganisiertes Lernen in Schule und Beruf. Basel: Beltz.

Hirsch, J. (2017): Subjektive Theorien zum Lehren und Lernen von Lehramtsstudierenden vor und nach der ersten Fachdidaktik-Lehrveranstaltung. Verfügbar unter: http://www.hochschullehre.org/?dl_id=126 [22.01.2021]

Holfeld, M. (2013): Licht und Farbe (1. Auflage). Berlin: Beuth Verlag.

Kamira Konzepteinrichtungen (Hrsg.) (o.D.): Lernraum Freiraum. Verfügbar unter: https://www.kamira.de/service/download/ [20.01.2021]

Kiesel, A. & Koch, I. (2012): Lernen (1.Auflage). Wiesbaden: VS Verlag für Sozialwissenschaften.

Le Gouvernement du grand-duché de Luxembourg (Hrsg.) (2018): Raumkonzepte für eine zeitgemäße Neu- oder Umgestaltung von Bildungseinrichtungen in Luxemburg. Verfügbar unter: https://www.kooperatioun-bildung.lu/images/frontend/architectur/raum.pdf [15.01.2021]

Michl, W. (2015): Erlebnispädagogik (3. Auflage). München: Ernst Reinhardt Verlag.

Ministerium für Ministerium für Kultus, Jugend und Sport Baden-Württemberg (o.D.): Schema zur Ermittlung des Flächenbedarfs für Berufliche Schulen (Modellraumprogramm), Ministerium für Kultus, Jugend und Sport Baden-Württemberg. Verfügbar unter: https://km-bw.de/Kultusministerium,Lde/Startseite/Schule/Schulhausbau [21.05.2020]

MKJS in Zusammenarbeit mit dem LS (2009): Neue Lernkultur. Lernen im Fokus der Kompetenzorientierung. Stuttgart: S.5f und 22f gekürzt.

Müller, M. G. und Geise, S. (2015): Grundlagen der Visuellen Kommunikation (2. Auflage). München: UVK Verlagsgesellschaft mbH.

Nitsche, K., Zierer, K. & Kahlert, J. (Hrsg.) (2013): Räume zum Lernen und Lehren. München.

Ohder, M., Volz, J., Schmidt, M., Kunhke, R. & Ziegler, M. (2014): Notfallsanitäter-Curriculum (1. Auflage). Stuttgart: Kohlhammer Verlag.

Opp, G. & Brosch, A. (2010): Lebensraum Schule. Stuttgart: Fraunhofer IRB Verlag.

Ostaszewska, E. D. & Wrega, A. (o.D.): Ratgeber zur Gestaltung von Klassenräumen. Goethe-Institut Warschau. Verfügbar unter: https://www.goethe.de/resources/files/pdf165/gi-dhk-ratgeber-1-de.pdf [19.01.2021]

Perels, F. (12.2011): Selbstreguliertes Lernen. Verfügbar unter: https://www.hessen.de/sites/default/files/media/selbstreguliertes_lernen.pdf [10.06.2020]

Pressel, D. & Exner, U. (2016): Basics Raumgestaltung. Basel: Birkhäuser.

Rodeck, B., Meerwein, G. & Mahnke, F. H. (2007): Farbe. Kommunikation im Raum (4. Auflage). Basel: Birkhäuser Verlag AG.

Schewior-Popp, S. (2014): Lernsituationen planen und gestalten. Handlungsorientierter Unterricht im Lernfeldkontext (2. Auflage). Stuttgart: Georg Thieme Verlag.

Schlagbauer, G. & Schachaneder, J. (2017): Das digitale Klassenzimmer. Dillingen: Akademie für Lehrerfortbildung und Personalführung. Verfügbar unter: https://schulnetz.alp.dillingen.de/materialien/Digitales_Klassenzimmer.pdf [11.01.2021]

Schönig, W. & Schmidtlein-Mauderer, C. (Hrsg.) (2013): Gestalten des Schulraums (1. Auflage). Bern: hep, der Bildungsverlag.

Sekretariat der Kultusministerkonferenz (Hrsg.) (14.12.2018): https://www.kmk.org/fileadmin/veroeffentlichungen_beschluesse/2021/2021_06_17-GEP-Handreichung.pdf [03.06.2020]

Seydel, O. (2013): Die kleine Schule in der großen Schule. Das ‚Cluster' - eine Alternative zur konventionellen Flurschule. In Lehren & Lernen, 7–13.

Seydel, O., Meyer, U. M. &Schneider, J. (09.2013): Empfehlungen für einen zeitgemäßen Schulhausbau in Baden-Württemberg: Grundlagen für eine Überarbeitung der Schulbauförderrichtlinien. Verfügbar unter: https://www.schulentwicklung-net.de/images/stories/Anlagen/510%20schulhausbau_BW_2013.pdf [17.01.2021]

Stadler-Altmann, U. (2016): Lernumgebungen. Berlin: Verlag Barbara Budrich.

Städeli, C., Grassi, A., Rhiner, K. & Obrist, W. (2013) Kompetenzorientiert unterrichten - das AVIVA-Modell. fünf Phasen guten Unterrichts (2. Auflage). Bern: hep, der Bildungsverlag.

Trapp, D. (2011): Der Klassenraum als Pädagogikum. Saarbrücken: VDM Verlag Dr. Müller.

Umlauf, K. & Stang, R. (Hrsg.) (2018): Lernwelt Öffentliche Bibliothek. Berlin: Walter de Gruyter & Co KG.

Verband Bildung und Erziehung, Bund Deutscher Architekten BDA, Montag Stiftung Jugend und Gesellschaft & Montag Stiftung Urbane Räume AG (Hrsg.) (2013): Leitlinien für Leistungsfähige Schulbauten in Deutschland. Verfügbar unter: https://www.bda-bund.de/wp-content/uploads/2016/03/VOE_Leitlinien_LLS-1.pdf [19.01.2021]

VS Vereinigte Spezialmöbelfabrik GmbH & Co. KG 1 (o.D.): Stühle/Sitzmöbel. Verfügbar unter: https://www.vs.de/kataloge/shift/6670/stuehlesitzmoebel [20.01.2021]

VS Vereinigte Spezialmöbelfabrik GmbH & Co. KG 2 (o.D.): Shift+ Landscape: Fahrbare Aufbewahrungs-Schränke. Verfügbar unter: https://www.vs.de/kataloge/gesamtkatalog/details/106966/shift-landscape [20.01.2021]

Watschinger, J. & Weyland, B. (Hrsg.) (2017): Lernen und Raum entwickeln. Bad Heilbrunn: Julius Klinkhardt.

Weinert, F. E. (Hrsg.) (2002): Leistungsmessungen in Schulen (2. Auflage). Basel: Beltz Verlag.

Wittwer, W., Diettrich, A. & Walber M. (Hrsg.) (2015): Lernräume. Wiesbaden: Springer.

Anhang

Anhang A Bilder der Klassenräume der Bildungseinrichtung Ravensburg

Im Anhang A sind alle Bilder, die als Grundlage für die Bildanalyse dienen, zu finden. Quelle: Eigene Darstellung.

Anhang A.1 Klassenraum 1

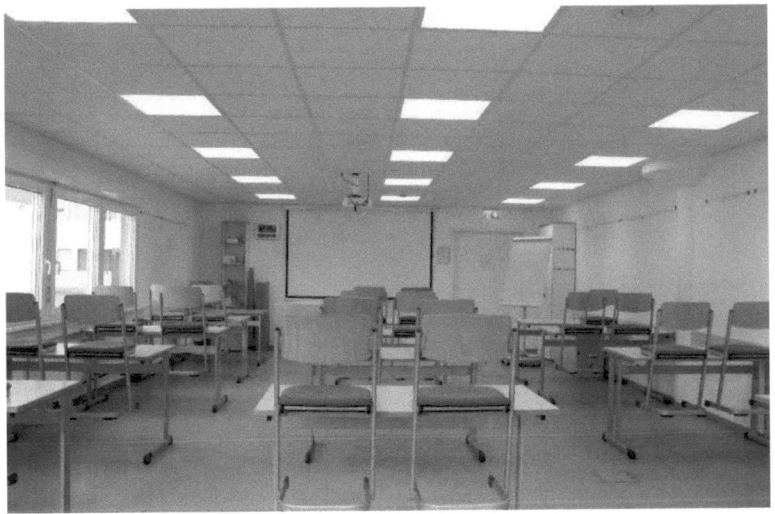

Abbildung 6: Klassenraum 1 Perspektive 1. Quelle eigene Darstellung

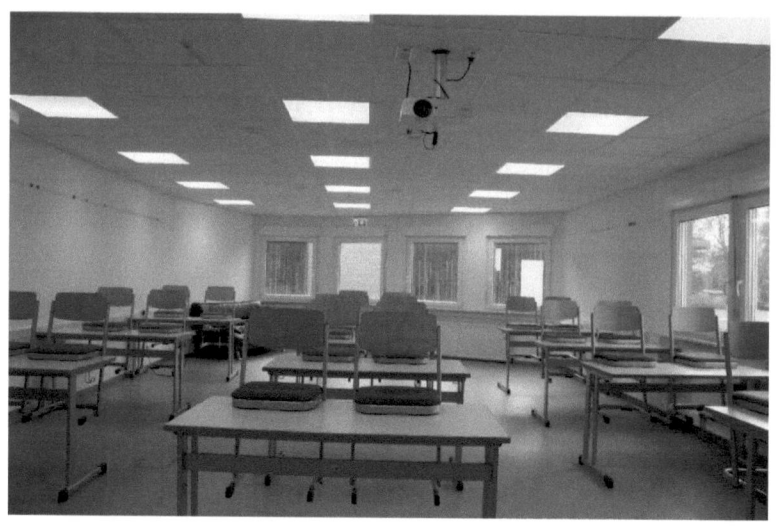

Abbildung 7 : Klassenraum 1 Perspektive 2. Quelle eigene Darstellung

Anhang A.2 Klassenraum 2

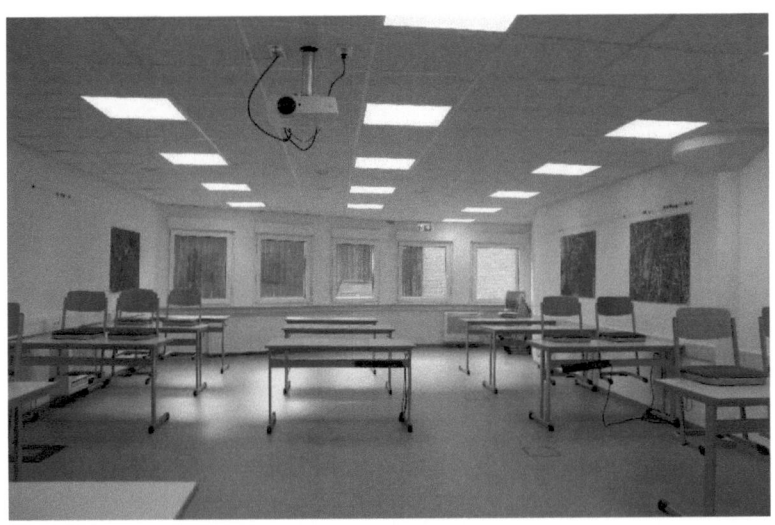

Abbildung 8: Klassenraum 2 Perspektive 1. Quelle eigene Darstellung

Abbildung 9: Klassenraum 2 Perspektive 2. Quelle eigene Darstellung

Anhang A.3 Klassenraum 3

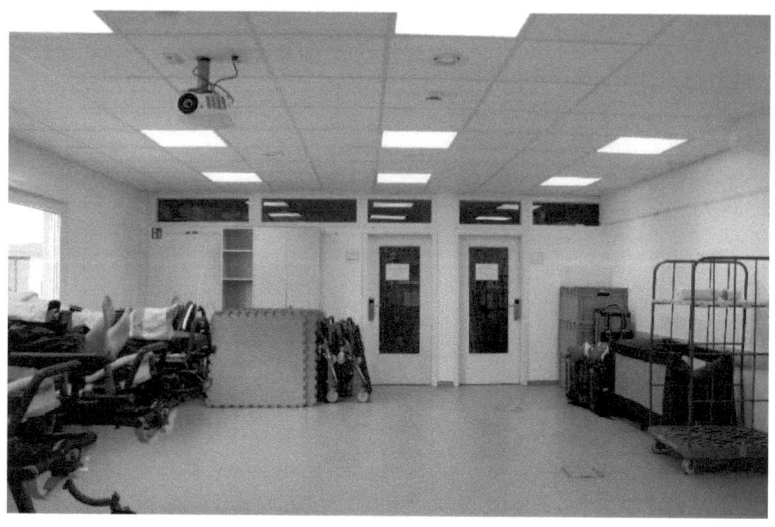

Abbildung 10: Klassenraum 3 Perspektive 1. Quelle eigene Darstellung

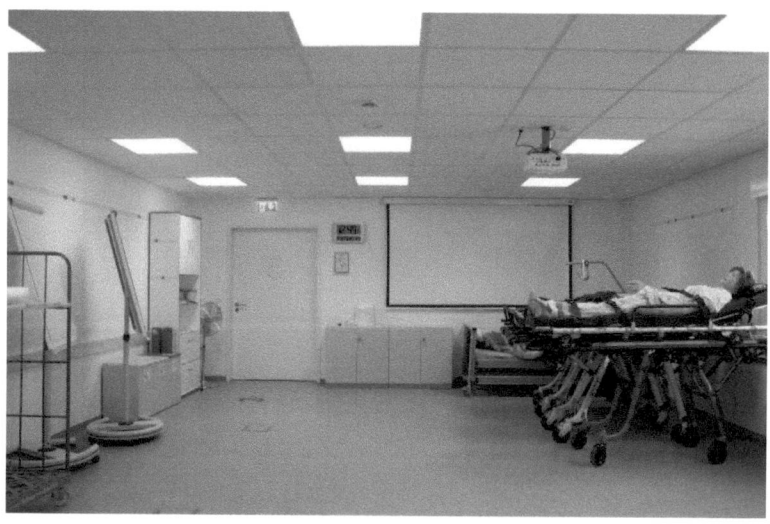

Abbildung 11: Klassenraum 3 Perspektive 2. Quelle eigene Darstellung

Anhang A.4 Klassenraum 4

Abbildung 12: Klassenraum 4 Perspektive 1. Quelle eigene Darstellung

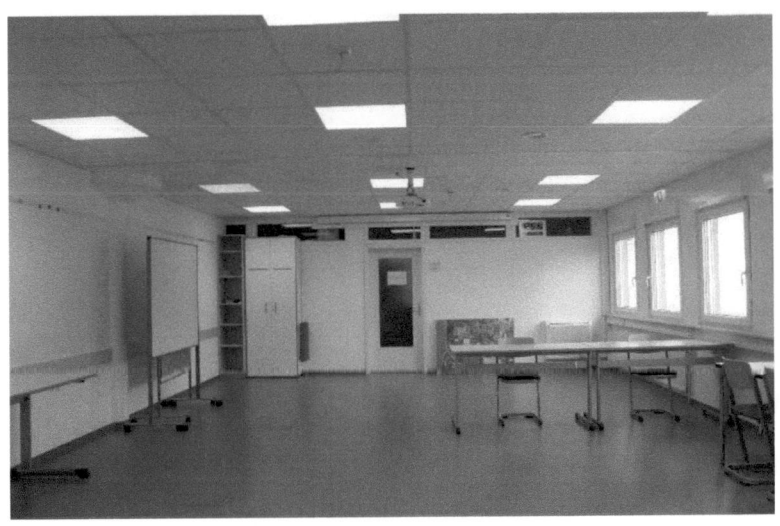

Abbildung 13: Klassenraum 4 Perspektive 2. Quelle eigene Darstellung

Anhang A.5 Klassenraum 5

Abbildung 14: Klassenraum 5 Perspektive 1. Quelle eigene Darstellung

Abbildung 15: Klassenraum 5 Perspektive 2. Quelle eigene Darstellung

Anhang A.6 Klassenraum 6

Abbildung 16: Klassenraum 6 Perspektive 1. Quelle eigene Darstellung

Abbildung 17: Klassenraum 6 Perspektive 2. Quelle eigene Darstellung

Anhang A.7 Zusatzraum 1

Abbildung 18: Zusatzraum 1 Perspektive 1. Quelle eigene Darstellung

Abbildung 19: Zusatzraum 1 Perspektive 2. Quelle eigene Darstellung

Anhang A.8 Zusatzraum 2

Abbildung 20: Zusatzraum 2 Perspektive 1. Quelle eigene Darstellung

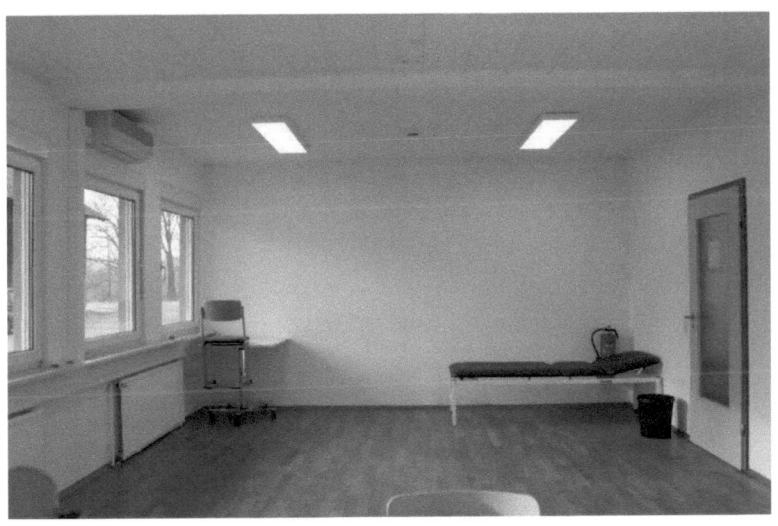

Abbildung 21: Zusatzraum 2 Perspektive 2. Quelle eigene Darstellung

Anhang A.9 Zusatzraum 3

Abbildung 22: Zusatzraum 3 Perspektive 1. Quelle eigene Darstellung

Abbildung 23: Zusatzraum 3 Perspektive 2. Quelle eigene Darstellung

Anhang A.10 Zusatzraum 4

Abbildung 24: Zusatzraum 4 Perspektive 1. Quelle eigene Darstellung

Abbildung 25: Zusatzraum 4 Perspektive 2. Quelle eigene Darstellung

Anhang A.11 Durchgangsraum 1

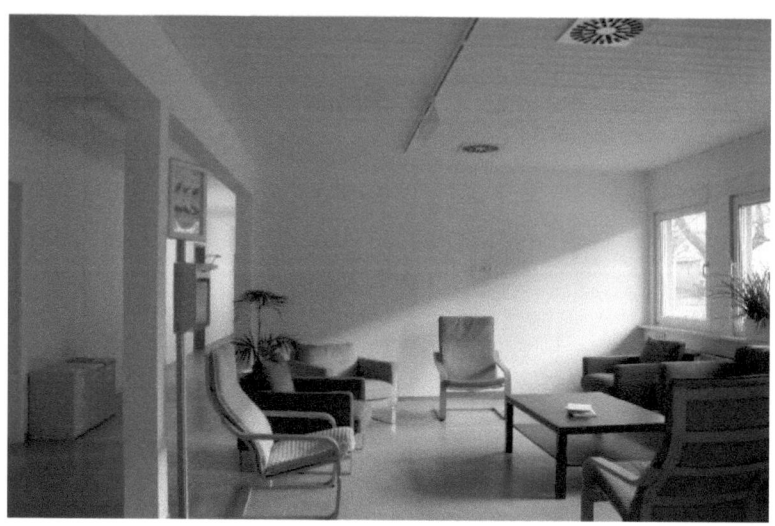

Abbildung 26: Durchgangsraum 1 Perspektive 1. Quelle eigene Darstellung

Abbildung 27: Durchgangsraum 1 Perspektive 2. Quelle eigene Darstellung

Anhang A.12 Durchgangsraum 2

Abbildung 28: Durchgangsraum 2 Perspektive 1. Quelle eigene Darstellung

Abbildung 29: Durchgangsraum 2 Perspektive 2. Quelle eigene Darstellung

Anhang A.13 Durchgangsraum 3

Abbildung 30: Durchgangsraum 3 Perspektive 1. Quelle eigene Darstellung

Abbildung 31: Durchgangsraum 3 Perspektive 2. Quelle eigene Darstellung

Anhang B Bildanalyse

Im Anhang B findet sich zur Veranschaulichung der Bildanalyse die drei Schritte des Klassenraum 1. Die Gesamte
Bildanalyse aller 13 Räume kann bei der Verfasserin eingesehen werden.

Anhang B.1 Vor-ikonografische Beschreibung
Klassenraum 1

Tabelle 2:Schritt eins der Bildanalyse - vor-ikonografische Beschreibung
Klassenraum 1. KR = Klassenraum. Quelle: eigene Darstellung

Element	Bild 1 KR 1 Perspektive 1	Bild 2 KR 1 Perspektive 2
Äußere Form		
Grund-riss	Schlauchförmig mit schräger Rückwand	Rechteckig
Fenster	An der rechten Wand sind zwei Fenster und an der Wand gegenüber der Betrachtungsebene sind vier Fenster. Es sind einflüglige Fenster mit einem weißen, glänzenden Rahmen und weißen, glänzenden Fenstergriffen.	An der linken Wand sind drei Fenster zu sehen. Es sind einflüglige Fenster mit einem weißen, glänzenden Rahmen und weißen, glänzenden Fenstergriffen.

Element	Bild 1 KR 1 Perspektive 1	Bild 2 KR 1 Perspektive 2
Tür		An der Wand gegenüber der Betrachtungsebene ist rechts eine weiße Tür mit weißem Türrahmen. An der Tür hängt ein weißer Zettel mit schwarzer Schrift.

Feste Innenausstattung

Element	Bild 1 KR 1 Perspektive 1	Bild 2 KR 1 Perspektive 2
künstliches Licht und Lichtschalter	In der Decke sind 14 quadratische Lichter in drei Reihen eingelassen. Das weiße Licht weist keine extremen Gelb- oder Blauanteile auf.	In der Decke sind 14 quadratische Lichter in drei Reihen eingelassen. Das weiße Licht weist keine extremen Gelb- oder Blauanteile auf.
feste Präsentationsmedien	Leicht rechts neben der Mitte des Bildes ist über eine graue Röhre an der Decke ein Beamer angebracht. Die Vorderseite des Beamers ist zur Betrachtungsebene ausgerichtet. Zwei schwarze Kabel verlaufen zur Decke.	An der Wand gegenüber der Betrachtungsebene ist eine weiße Leinwand mit schwarzem Rand zu sehen. Leicht links neben der Mitte des Bildes ist über eine graue Röhre an der Decke ein Beamer angebracht. Die Rückseite des Beamers ist zur Betrachtungsebene ausgerichtet. Zwei schwarze Kabel verlaufen zur Decke.

Element	Bild 1 KR 1 Perspektive 1	Bild 2 KR 1 Perspektive 2
Steck- dosen	An der Decke rechts neben der Beamer- halterung sind zwei Steckdosen. Unter- halb der Fenster sind an der rechten Wand sechs Steckdosen auf der gesamten Raumlänge zu er- kennen. Am hinteren Ende der rechten Wand sind zweimal zwei Steckdosen als Paar angeordnet. Kurz vor dem schwarzen Sofa an der linken Wand sind in Bodennähe zwei Steckdosen nebenei- nander angebracht. An der Querstrebe unterhalb der Tisch- platte ist bei dem letzten Tisch in der linken Reihe eine schwarze Mehrfach- steckdose mit wei- ßen Kabelbindern befestigt.	An der Decke links neben der Beamer- halterung sind zwei Steckdosen ange- bracht. Unterhalb der Fenster sind an der linken Wand über die ganze Länge der Wand fünf Steckdo- sen angebracht. Die ersten zwei und die letzten zwei sind als Paar angebracht.
Verdun- ke- lungs- ele- mente	Über jedem Fenster ist ein Rollladenkas- ten zu sehen, aus dem eine weiße Stange herunter- hängt.	Über jedem Fenster ist ein Rollladenkas- ten zu sehen, aus dem eine weiße Stange herunter- hängt.

Element	Bild 1 KR 1 Perspektive 1	Bild 2 KR 1 Perspektive 2
Farbe und Material Wand	Die Wände sind alle weiß. Das Material ist nicht zu erkennen. An der linken Wand ist auf Tischhöhe eine waagrechte, hellbraune Naturholzleiste angebracht. Unterhalb der Fenster verläuft an der rechten Wand eine waagrechte, weiße Leiste. An der linken wie auch in der hinteren Hälfte der rechten Wand sind im oberen Teil der Wände waagrechte graue Bänder mit bunten Kreisen angebracht.	Die Wände sind alle weiß. Das Material ist nicht zu erkennen. An der rechten Wand ist auf Tischhöhe eine waagrechte, hellbraune Naturholzleiste und im oberen Teil der Wand ein waagrechtes graues Band mit bunten Kreisen angebracht. Unterhalb der Fenster verläuft an der linken Wand eine waagrechte, weiße Leiste. Am Ende der linken Wand verläuft senkrecht eine weiße, eckige Leiste von der Decke bis zum Boden. An der rechten Wand ist eine weiße Säule mit Verbreiterung an der Decke zu sehen.
Farbe und Material Decke	Die Decke ist weiß. Das Material ist nicht zu erkennen. Die Decke wird durch weiße, glänzende Streifen in Quadrate unterteilt. Die Quadrate haben dieselbe	Die Decke ist weiß. Das Material ist nicht zu erkennen. Die Decke wird durch weiße, glänzende Streifen in Quadrate unterteilt. Die Quadrate haben dieselbe

Element	Bild 1 KR 1 Perspektive 1	Bild 2 KR 1 Perspektive 2
	Größe wie die Lampen.	Größe wie die Lampen.
Farbe und Material Boden	Der Boden hat eine hellgrüne, kalte, glänzende Farbe. Das Material ist nicht zu erkennen.	Der Boden hat eine hellgrüne, kalte, glänzende Farbe. Das Material ist nicht zu erkennen.

Element	Bild 1 KR 1 Perspektive 1	Bild 2 KR 1 Perspektive 2
Bewegliche Elemente		
Tische	Die Tische sind in drei Reihen aufgestellt. Rechts stehen vier Tische hintereinander, in der Mitte drei Tische und in der linken Reihe auch drei Tische. Die Tische haben eine weiße glänzende Tischplatte mit grauem Rand. An der kurzen Seite der Tische sind zwei I-förmige graue Tischbeine angebracht, die parallel zur langen Tischkante durch einen grauen Balken verbunden sind. An den kurzen Seiten der Tische sind graue Metallhacken zu erkennen.	Die Tische sind in drei Reihen aufgestellt. Rechts stehen vier Tische hintereinander, in der Mitte vier Tische und in der linken Reihe fünf Tische. Die Tische haben eine weiße glänzende Tischplatte mit grauem Rand. An der kurzen Seite der Tische sind zwei I-förmige graue Tischbeine angebracht, die parallel zur langen Tischkante durch einen grauen Balken verbunden sind. An den kurzen Seiten der Tische sind graue Metallhacken zu erkennen.
Sitzmöbel	Jeweils zwei Stühle pro Tisch hängen mit der Sitzfläche auf der Tischplatte. 21 Stühle sind zu sehen. Die Stühle besitzen eine dunkelgraue Sitzfläche, die eine graue Kante hat.	Jeweils zwei Stühle pro Tisch hängen mit der Sitzfläche auf der Tischplatte. Eine Ausnahme stellen hier der letzte Tisch in der rechten wie auch in der linken Reihe dar. Hier hängt

Element	Bild 1 KR 1 Perspektive 1	Bild 2 KR 1 Perspektive 2
	Eine hellbraune Holzrückenlehne mit einer Aussparung im unteren Bereich wird durch zwei graue Stangen mit der Sitzfläche verbunden, die am unteren Ende durch eine u-förmige Stange verbunden die Stuhlbeine darstellt. Hinten links im Raum steht ein schwarzes, glänzendes Sofa an der Wand. Es scheint für zwei bis drei Personen Platz zu bieten und hat silberne Metallfüße.	immer nur ein Stuhl. 20 Stühle sind zu sehen. Die Stühle besitzen eine dunkelgraue Sitzfläche, die eine graue Kante hat. Eine hellbraune Holzrückenlehne mit einer Aussparung im unteren Bereich wird durch zwei graue Stangen mit der Sitzfläche verbunden, die am unteren Ende durch eine u-förmige Stange verbunden die Stuhlbeine darstellt.

Element	Bild 1 KR 1 Perspektive 1	Bild 2 KR 1 Perspektive 2
Stauraum		An der Wand gegenüber der Betrachtungsebene steht links ein offenes, weißes Regal. Der Deckel des Regals wie auch die Regalböden sind grau. In der rechten Ecke des Raumes befindet sich ein weißer Schrank mit dunklen Kanten und einem grauen Deckel. An der Seite, die zur Betrachtungsebene ausgerichtet ist, hat er dieselben grauen Bänder mit den bunten Punkten wie sie an der rechten Wand angebracht sind. An der Seite, die in den Raum schaut, ist ein grauer Türgriff zu sehen. An der Wand gegenüber der Betrachtungsebene ist unterhalb der Leinwand ein graues Sideboard zu erkennen.
bewegliche		In der rechten Ecke des Raumes steht vor dem Schrank ein

Element	Bild 1 KR 1 Perspektive 1	Bild 2 KR 1 Perspektive 2
Präsentationsmedien		weißes Flipchart. Die Schreibfläche ist weiß und der Rest grau. Das Flipchart steht auf einer schwarzen, runden Platte mit hellbraunem Rand. An der Platte sind schwarze Rollen befestigt. Auf der Schreibfläche befinden sich mehrere Blätter Papier.
Sonstige bewegliche Elemente		Links neben der Leinwand hängt an der Wand gegenüber der Betrachtungsebene ist eine graue Uhr mit schwarzen, digitalen Zahlen.

135

Anhang B.2 ikonografische Analyse des Klassenraum 1

Tabelle 3: Ikonografische Analyse des Klassenraum 1. Quelle: eigene Darstellung

Element	Ikonografische Analyse
Äußere Form	
Grundriss	Laut Bauplan hat dieser rechteckige Raum mit abgeschrägter Rückwand 71,04 m² und ist damit ausreichend groß. Pro Nutzer*in ergeben sich 2,73 m² inkl. Mobiliar.
Fenster	Die Fenster lassen Tageslicht von zwei Seiten in den Raum fallen. Die Fenster sind Richtung Süd-Westen ausgerichtet, wodurch eine Blendung durch übermäßige Sonneneinstrahlung möglich ist. Die angrenzenden Gebäude können das Sonnenlicht teilweise abfangen.
Tür	Die Eingangstüre kann nicht abgeschlossen werden.
Feste Innenstruktur	
künstliches Licht und Lichtschalter	Es gibt 17 Deckenlichter, die in die Decke eingelassen in drei Reihen angeordnet sind. Es handelt sich um eine direkte Beleuchtung. Die drei Lichtreihen sind auf die drei Tischreihen ausgerichtet und bieten hier ein gutes Arbeitslicht. Neun Lichter können im Präsentationsraum unabhängig vom Rest angesteuert werden. Die Lichtschalter befinden sich neben der Eingangstür. Eine Dimmfunktion ist nicht vorhanden. Eine direkte Blendung ist durch keine Lampe gegeben. Eine individuell steuerbare

Element	Ikonografische Analyse
	Wandbeleuchtung im Präsentationsbereich ist nicht vorhanden.
feste Präsentationsmedien	Die Leinwand ist mittig an den kurzen Seiten bei der Eingangstür angebracht. Sie kann händisch ein- und ausgerollt werden. Durch den schwarzen Rand wird die Leinwand klar von der weißen Wand abgegrenzt. Der Beamer ist fest an der Decke verbaut und auf die Leinwand ausgerichtet. Über eine drahtlose Verbindung wie auch ein HDMI-Kabel, dass in der Wand zum Ende der linken Wand verläuft, kann dieser angesteuert werden. An- und Ausschalten läuft über eine Fernbedienung. Der oberste Lichtschalter neben der Eingangstür trennt den Beamer vom Strom.
Steckdosen	Der Raum besitzt 19 Steckdosen. Zwölf davon sind paarig an einer Leiste unterhalb der Fenster entlang der linken Wand angebracht. An der rechten Wand sind vier paarig angebrachte Steckdosen in Bodennähe. Zwei im vorderen Teil und zwei im hinteren Teil. An der Decke sind drei Steckdosen neben der Beamerhalterung. In einer Steckdose ist der Beamer eingesteckt. Somit besteht in der aktuellen Bestuhlung für die Tischreihe an der linken Wand, wie auch für den ersten und letzten Tisch an der rechten Wand ein Zugriff auf Strom.
Verdunkelungselemente	An jedem Fenster ist ein Rollladen angebracht, der mittels einer Handkurbel heruntergelassen werden kann. Somit kann je nach Lichteinfall von außen jedes Fenster individuell abgedunkelt werden. Mit den Rollläden kann der gesamte Raum abgedunkelt werden.

Element	Ikonografische Analyse
Farbe und Material Wand	Die Wände sind weiße Rauputzwände, denen keine lernbegünstigende Eigenschaft zugeschrieben wird. Die grauen Bänder im oberen Bereich der Wände sind Magnetbänder, die zum Aufhängen von Lernmaterialien und Lernergebnissen gedacht sind. Farblich fallen sie aufgrund der geringen Fläche nicht ins Gewicht. Der hellbraune Naturholzbalken bringt von seiner Eigenschaft her Freundlichkeit und Wärme in einen Raum, kommt aber gegen die massiven weißen Wände in diesem Raum nicht an.
Farbe und Material Decke	Die Decke besteht aus Metallstreben, die horizontal und senkrecht an der Decke verlaufen. Die dadurch entstandenen Quadrate sind durch weiße Styropordeckel ausgefüllt. Weiß besitzt keine lernbegünstigenden Eigenschaften. Einige Quadrate wurden für die Deckenbeleuchtung genutzt. Die Anordnung der Lichter wie auch die Metallstreben lenken den Blick immer auf die kurzen Seiten des Raumes.
Farbe und Material Boden	Der Boden hat ein kaltes, helles Grün als Farbe und ist aus Kautschuk. Kaltfarben wird generell eine beruhigende Eigenschaft zugeschrieben. Das helle Grün wirkt kühl und leicht.

Bewegliche Elemente

Tische	Die Tische sind rechteckige Zweiertische mit einer Tiefe von 65 cm und einer Breite von 130 cm die leicht in Reihen gestellt werden können. Somit eignen sie sich für Frontalunterricht. Sie haben keine Rollen. Die Tische sind fest aufgebaut und können nicht platzsparend zur Seite

Element	Ikonografische Analyse

geräumt werden. Die Standardhöhe der Tische ist fest eingestellt und beträgt 76 cm. Somit können sie nicht individuell an die Nutzer*innen angepasst werden. Auch die Tischplatte ist nicht neigbar. Durch ihre weiße und graue Farbe wirken die Tische neutral und still.

Sitzmö-bel

Die helle Holzrückenlehne macht die Stühle einladend und ist durch ihre geschwungene Form an den menschlichen Rücken angepasst. Hingegen ist die Sitzfläche gerade und wenig gepolstert. Die Sitzhöhe ist fest auf 45 cm eingestellt und kann nicht an die Nutzer*innen angepasst werden. Die Stühle sind weder drehbar, noch kann die Sitz- und Rückenfläche gekippt werden. Die Stühle lassen sich gut stapeln und dadurch platzsparend wegräumen. Durch ihre braune und graue Farbe wirken die Stühle gemütlich, distanziert und elegant. Das schwarze Sofa wirkt durch seine dicken Polster bequem und einladend, jedoch wirkt die Farbe Schwarze schwer und hart.

Stau-raum

Ein Schrank mit sechs Fächer, ein Regal mit sechs Fächern und ein Sideboard mit vier Fächern stellen nicht genug Stauraum für eine Klasse dar. Der Stauraum ist nicht personalisiert und kann im Raum nicht mobil genutzt werden. Das graue Sideboard wirkt zurückhaltend und elegant. Das weiße Regal und der weiße Schrank wirken neutral und still.

bewegli-che

Das Flipchart ist höhenverstellbar und rollbar. Auf der Schreibfläche kann an zwei Hacken der Schreibblock befestigt werden. Am unteren Ende der Schreibfläche ist eine Ablageschale

Element	Ikonografische Analyse
Präsen-tations-medien	für Stifte angebracht. Zur Raumtrennung ist es nicht zu gebrauchen.
Sons-tige bewegli-che Ele-mente	An den Wänden ist eine digitale Uhr ange-bracht. Die Uhr hängt neben der Leinwand, wodurch sie die frontale Ausrichtung des Rau-mes unterstreicht und gut lesbar ist

Anhang B.3 Ikonologische Interpretation des Klassenraum 1

Der Klassenraum 1 weist durch seine Grundform und das Mobiliar eine frontale Ausrichtung des Unterrichtsgesche-hens auf (vgl. Opp & Brosch, 2010, S. 149). Die Eingangs-türe des Raumes ist immer offen, somit ist eine selbstän-dige Nutzung des Raumes durch die Schüler*innen mög-lich. Die Position der Tür lässt ein Betreten des Raumes nur im Bereich der Lehrkraft zu. Dadurch entsteht ein stark kontrollierendes und limitierendes Gefühl durch die Lehr-kraft. Die lineare Anordnung der Deckenleuchten unter-streicht dieses beengende Gefühl (vgl. Opp & Brosch, 2010, S. 229). Die weißen Rauputzwände erschaffen zu-sammen mit den grauen und weißen Möbeln ein tristes und wenig abwechslungsreiches Bild. Der grüne Boden in einem kalten Farbton stellt hierzu nur einen geringen Kontrast dar. Kaltfarben setzen einen Vagusreiz, was eine Aktivierung der Schüler*innen in diesem Raum deutlich erschweren dürfte (vgl. Nitsche et al., 2013, S. 184). Wärme strahlen nur die Stuhllehnen und der Naturholzbalken an der Wand aus. In Summe überwiegt in diesem Raum die kalte Farbwirkung. Die festen Präsentationsmedien sind wie auch die drei Tischreihen frontal ausgerichtet. Die Lichter im Präsentationsraum können unabhängig vom restlichen Raum ausgeschaltet werden und Verdunkelungselemente für die Fenster sind vorhanden. Somit sind die Faktoren für eine frontale Präsentation gegeben (6). Durch die Aufstellung der Tische in Reihen steht der Lehrkraft eine begrenzte Arbeitszone zur Verfügung (8). Flipchart und Schränke reduzieren den Aktionsradius der Lehrkraft aus Perspektive 2 (siehe Kapitel 3.2) fast vollständig auf die linke Ecke vor der Leinwand.

Rechnerisch steht jedem Lernenden in diesem Raum ein Platz von 2,73m² zur Verfügung. Bei der aktuellen Bestuhlung und einer Tischgröße von 0,85 m² bleibt jedem Lernenden ein Aktionsradius von 0,42 m². Die Tische bieten ruhig sitzenden Lernenden die Möglichkeit auf einem Blatt Papier oder auf einem elektronischen Endgerät mitzuschreiben. Konzentrierte Einzelarbeit, aber auch Partnerarbeit, kann in dieser Bestuhlung gut umgesetzt werden (5). Für einen schnellen Wechsel in einen konzentrischen Stuhlkreis ist die aktuelle Bestuhlung hinderlich (1). Die Tische müssen hierfür komplett zur Seite geräumt werden. Da sich diese aber nicht stapeln oder zusammenfalten lassen, beanspruchen diese weiterhin viel Platz. Bei zwölf Tischen entspricht der Platzverlust 10,2 m². Platz, der für den Stuhlkreis in einem Raum mit nur 74 m² anschließend fehlt. Dieselbe Platzproblematik besteht bei der Umsetzung von praktischen Aktivitäten (2). Das Sofa, welches hinten in dem Raum steht, könnte den Raum gemütlicher wirken lassen, wenn die glänzende Oberfläche und die schwarze Farbe es nicht so schwer und kalt wirken lassen würden. Es bietet definitiv die Möglichkeit eine andere Sitzposition einzunehmen und ist somit als gesundheitsfördernd zu bewerten (siehe Kapitel 2.3.1).

Bei der Umgestaltung des Raumes für Gruppenarbeiten müssen die Tische angehoben werden, um sie umstellen zu können (3). Dadurch wird der Umbau des Raumes anstrengend, was zur Folge hat, dass Tische nur verrückt werden, wenn dies zwingend notwendig ist (7). Je nach Gruppengröße und Aufgabe lassen sich die Tische zu verschiedenen Formationen zusammenstellen. Bei den Zweiertischen bleibt allerdings der geringe Platz pro Schüler*in bestehen. Durch die Position der Tischbeine ist ein Sitzen an den Kopfenden praktisch unmöglich oder aber mit einer sehr unnatürlichen Haltung verbunden. Die asymmetrische Sitzposition, sobald mehr als zwei Tischen zu einem Gruppentisch zusammengestellt werden oder mehrere Gruppenmitglieder an einem Tisch versuchen zu arbeiten, begünstigt soziale Dysbalancen in der Gruppe (vgl. Opp & Brosch, 2010, S. 150).

Die Magnetstreifen an den Wänden können genutzt werden, um Plakate aufzuhängen. Allerdings kann auf der Rauputzwand nicht gut geschrieben werden. Aufgehängte Plakate stellen farblich einen Kontrast zu den weißen Wänden dar. Hier besteht die Gefahr, dass der Raum visuell auch schnell überladen wird und der Auflockerungseffekt in eine optische Überreizung kippt. Des Weiteren können die Plakate nur oben an der Leiste befestigt werden. Das untere Ende hängt lose im Raum, wodurch Schüler*innen beim Vorbeilaufen leicht hängen bleiben können. Eine ausreichende Distanz kann in dieser Raumgröße bei einer Klassenstärke von 25 Schüler*innen zwischen den Gruppen nicht geschaffen werden (3). Lernmaterialien, die nicht benötigt werden, verkleinern den Raum zusätzlich, da sie nicht verstaut werden können. Flexible Stauräume in ausreichender Menge sind nicht vorhanden (4). Die vorhandene künstliche Beleuchtung ist für eine flexible Bestuhlung und Nutzung des Raumes nicht optimal. Das natürliche Licht in Fensternähe reicht häufig als alleinige Lichtquelle aus. Da die Schüler*innen tiefer im Raum auf das künstliche Licht angewiesen sind, kann die Beleuchtung nur für alle an- oder ausgeschaltet werden.

Anhang C Baupläne der Schulgebäude

Im Anhang C befinden sich Auszüge aus den Bauplänen der zwei Gebäude, in denen sich die Räume der Bildungseinrichtung Ravensburg der DRK Landesschule BW befinden.

Anhang C.1 Baupläne Gebäude 1

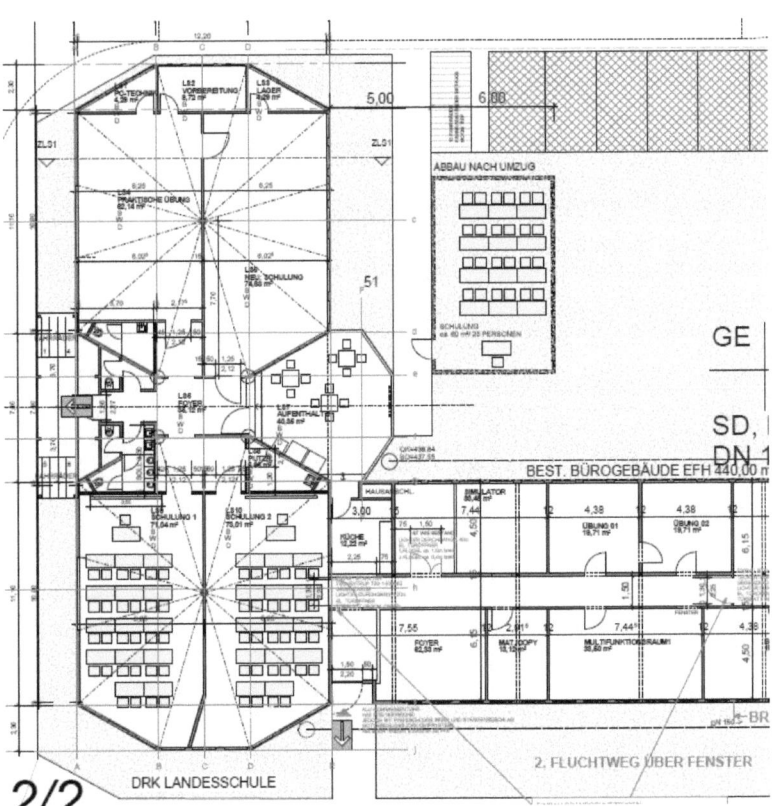

Abbildung 32: Bauplan der Schulräume in Gebäude 1. Quelle: Hendl, 11.03.2020, o.S.

Anhang C.2 Baupläne Gebäude 2

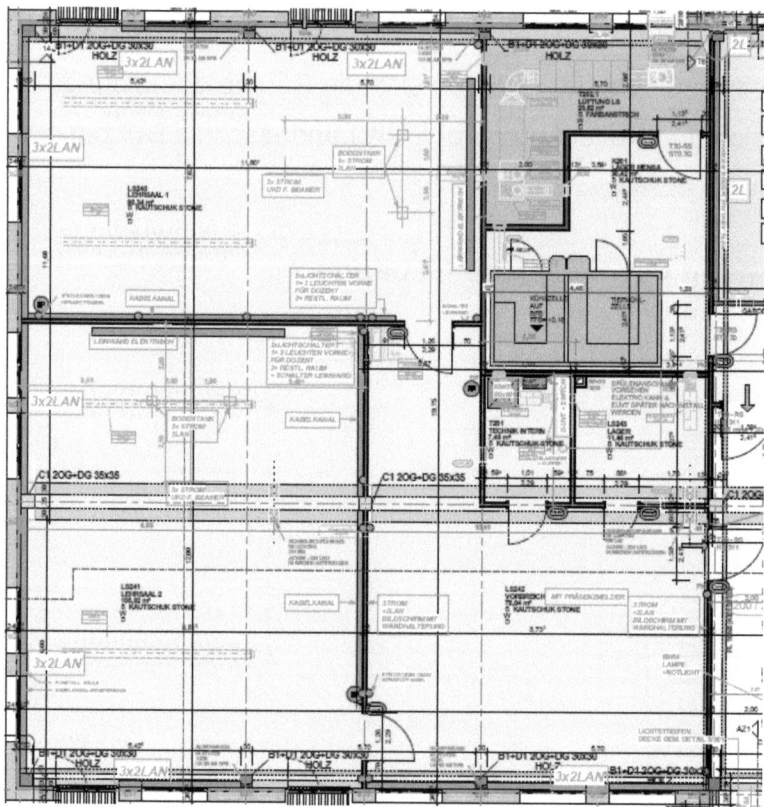

Abbildung 33: Bauplan der Schulräume im zweiten Stock in Gebäude 2.
Quelle: Hendl, 06.05.2019, o.S.

Anhang D Pädagogisches Leitbild der DRK Landesschule Baden-Württemberg

Quelle: DRK Landesschule BW, o.D., [1-5]

„Bildung ist unser Auftrag

Wir sind das Team der DRK Landesschule Baden-Württemberg mit ihren Bildungseinrichtungen. Wir erfüllen gemeinsam unsere Bildungsaufträge. Als Team pflegen wir ein kollegiales Verhältnis, welches von Wertschätzung und Vertrauen geprägt ist. Wir verstehen uns als zuverlässiger Partner für haupt- und ehrenamtliche Mitarbeitende des DRK und seiner Gliederungen, sowie anderer Organisationen. Unsere Bildungsangebote bieten wir regional und überregional an und führen diese fachlich und pädagogisch qualifiziert durch. Unsere Bildungsarbeit ist transparent und nachvollziehbar.

Lernbegleitung steht im Mittelpunkt unserer Arbeit

Wir fördern die Sozialisation und Individualisierung aller Lernenden. Die nachhaltige Entwicklung des Einzelnen steht im Mittelpunkt unserer Bildungsarbeit. Zu Lehren bedeutet für uns, Lernprozesse aktivierend zu gestalten, zu begleiten und konstruktiv zu reflektieren. Dazu setzen wir vielfältige Methoden und Unterrichtskonzepte ein, die auf die Bedürfnisse der Lernenden eingehen.

Wir fördern Kompetenzen gezielt

Fachliche, methodische, soziale und personale Kompetenzen werden durch uns gefördert. Handlungs- und Praxisorientierung im Unterricht ist für uns ein Muss, die individuelle Handlungskompetenz das Ziel. Wir treffen unsere Lehraussagen wissenschaftlich fundiert und entwickeln diese unter pädagogischen Gesichtspunkten kontinuierlich weiter. Hierbei orientieren wir uns an Normen, aktuellen Leit- und Richtlinien, sowie an Empfehlungen aus verschiedenen Fachrichtungen.

Vielfalt ist unsere Stärke

Unsere Ressourcen sind genauso vielfältig, wie der Erfahrungsschatz, auf den wir innerhalb unseres Lehrteams in einem lebendigen Netzwerk zurückgreifen. Wir tauschen uns regelmäßig aus, um gemeinsames und selbstständiges Lernen zu ermöglichen. Unsere personellen und materiellen Ressourcen setzen wir zielgerichtet ein.

Lernen aus Sicht der Lernenden

Die Lernbedürfnisse der Lernenden werden berücksichtigt. Die Lernenden verstehen die Bedeutung des lebenslangen Lernens. Gelungenes Lernen verbessert die eigenen Lebenschancen und die Möglichkeit einer selbstbestimmten

und verantwortungsbewussten Lebensführung. Dazu zählen wir die berufliche, politische, kulturelle und soziale Teil-
habe."

Die Reihe „Pädagogische Praxisimpulse" richtet sich an AutorInnen, die aus der Praxis und für die Praxis niedrigschwellig ihre Erkenntnisse und Forschungsarbeiten darstellen und einer Leserschaft zur Verfügung stellen wollen. Für die LeserInnen soll damit die Möglichkeit geschaffen werden komplexe und theoretische Sachverhalte nachvollziehbar und für ihre Praxis anschlussfähig aufbereitet vorzufinden. Idealerweise beinhalten die Beiträge immer auch konkrete Umsetzungsvorschläge und Anwendungsbeispiele.